円崩壊

浅井 隆

THE YEN will collapse
to 200 per Dollar.

1ドル＝200円に！

第二海援隊

円崩壊　1ドル＝200円に！――――目次

第一章　円崩壊、一ドル＝二〇〇円に!!

第二章　戦後のドル／円の巨大トレンド

第三章　日本銀行は破たんする
――二〇〇八年以降、世界中がマネーを刷り続けて……

第四章　円崩壊を狙う海外勢
――いよいよ「一ドル＝二〇〇円」時代がやってくる!!

第五章 一ドル＝二〇〇円になったら生活はどうなるのか

第六章　超円安時代の生き残りノウハウ

具体的な対策 162

第一章
円崩壊、一ドル＝二〇〇円に!!

二〇一四年九月、トレンドが変わった！

この世の中には巨大トレンドというものが存在する。

それが一度動き始めると、世の中のすべての流れを逆流させて私たちの生活そのものを激変させてしまう。そうした巨大トレンドは二〇～三〇年に一度しか現れないため、人々はそのことに最初はまったく気付かず、それまでの古いトレンドに固執してしがみつく。そのため、その逆流に翻弄され、全財産を失う羽目に往々にして陥る。

その巨大トレンドが出現した代表例が一九五〇年の朝鮮戦争であり、それによって戦後のドサクサが終わり、日本の戦後復興～高度成長～バブルという流れが始まった。次に巨大トレンドが出現したのが、まだ私たちの記憶に新しい九〇年二月の「バブル崩壊」である。それまでの日本の成長神話が崩壊し、株も不動産も持っていれば必ず上がるという時代が終焉した。その後日本は二十

巨大トレンド

① 1950年の
朝鮮戦争
戦後のドサクサの終焉→戦後の復興〜高度成長〜バブル

② 1990年2月の
バブル崩壊
日本の成長神話の崩壊→デフレと超円高の時代

今回 2014年9月の
110円に達する
円安
長期円高トレンドの終焉→長期円安トレンド

数年にわたるデフレと超円高の時代を味わった。

そして、いよいよあの「巨大トレンド」が再びやってきたのだ。しかも、今回はその結末がただゴトではない。下手をすると、この本の読者も含めたほとんどの日本人が全財産を失うという大惨事に至るかもしれない。

では、今回の巨大トレンドはいつ始まったのか。それこそ二〇一四年の九月である。その中身とは何か。それは「一ドル＝一一〇円に到達した円安」である。これによって三六〇円から延々と続いてきたこれまでの長期円高トレンドが終了し、長期円安トレンドに入ったことが一〇〇％確定したのだ。

なぜそのようなことが言えるのか。そこで一二〜一三ページの図を見ていただきたい。まず一二ページの図をじっくり見てほしい。これは一九七〇年から直近の二〇一四年までの四十数年におよぶ為替（ドル／円）の流れをチャートにしたものだ。そして上下に大きくブレながらも長期的には下降（＝円高）している為替のチャートの上にまるで巨大な円弧を描くように覆いかぶさっている緩やかな曲線があることがわかる。これは何かというと、ドル／円を円高方向へ押さえこんできた一種の「抵抗線」なのだ。よく見ると八〇年代に二回、二〇〇〇年代に一回、ドル／円はそこにタッチしていることがわかる。しかし、この巨大で強力な抵抗線にぶつかって押し戻されていることもわかる。四十数年間、どんなことがあってもこの〝岩盤〟をぶち抜いてマグマが上へ出ることはなかった。

ところが、二〇一四年の九月に前代未聞のことが起きたのだ。半年以上にわたって一ドル＝一〇一円～一〇三円の間に滞留してほとんど動くことのなかった為替が突然目をさまし、わずか二週間で七円あまりも動き、ついに一瞬、一一〇円をつけたのだ。一三ページにわかりやすいように拡大図が載せてあるので、じっくり眺めてほしい。完璧にあの巨大な抵抗線を上抜けていることが見てとれる。

その意味するところは何か。今までとはまったく違うトレンドが始まったのだ。そうなのだ。四十数年におよぶ長い長い〝円高トレンド〟が終わって、これから三～四〇年におよぶ、長い〝円安トレンド〟が始まったのだ。とすると、

43年ぶり大転換

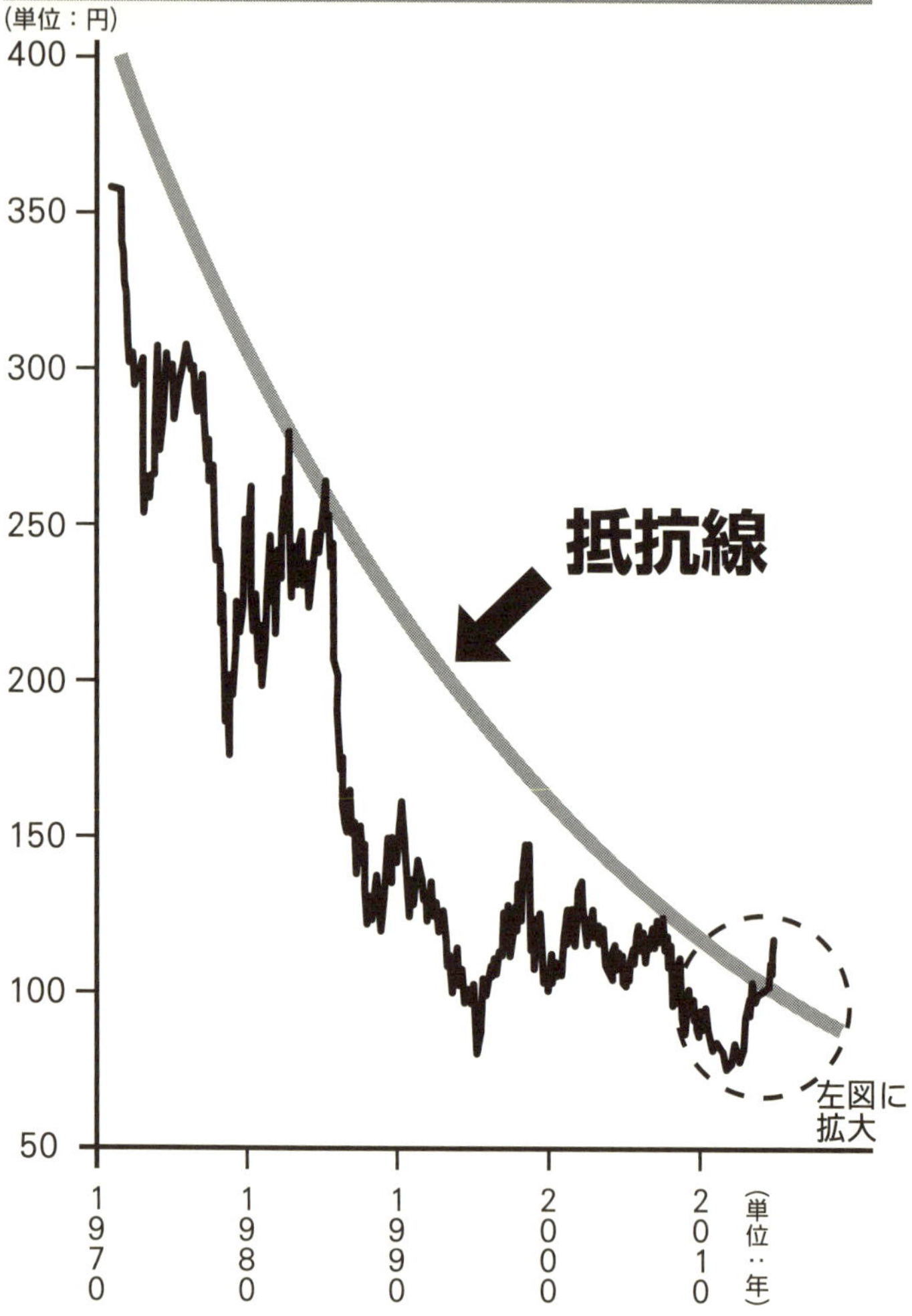
(単位：円)
400
350
300
250
200
150
100
50
抵抗線
左図に
拡大
1970
1980
1990
2000
2010
(単位：年)

43年ぶり大転換（拡大図）

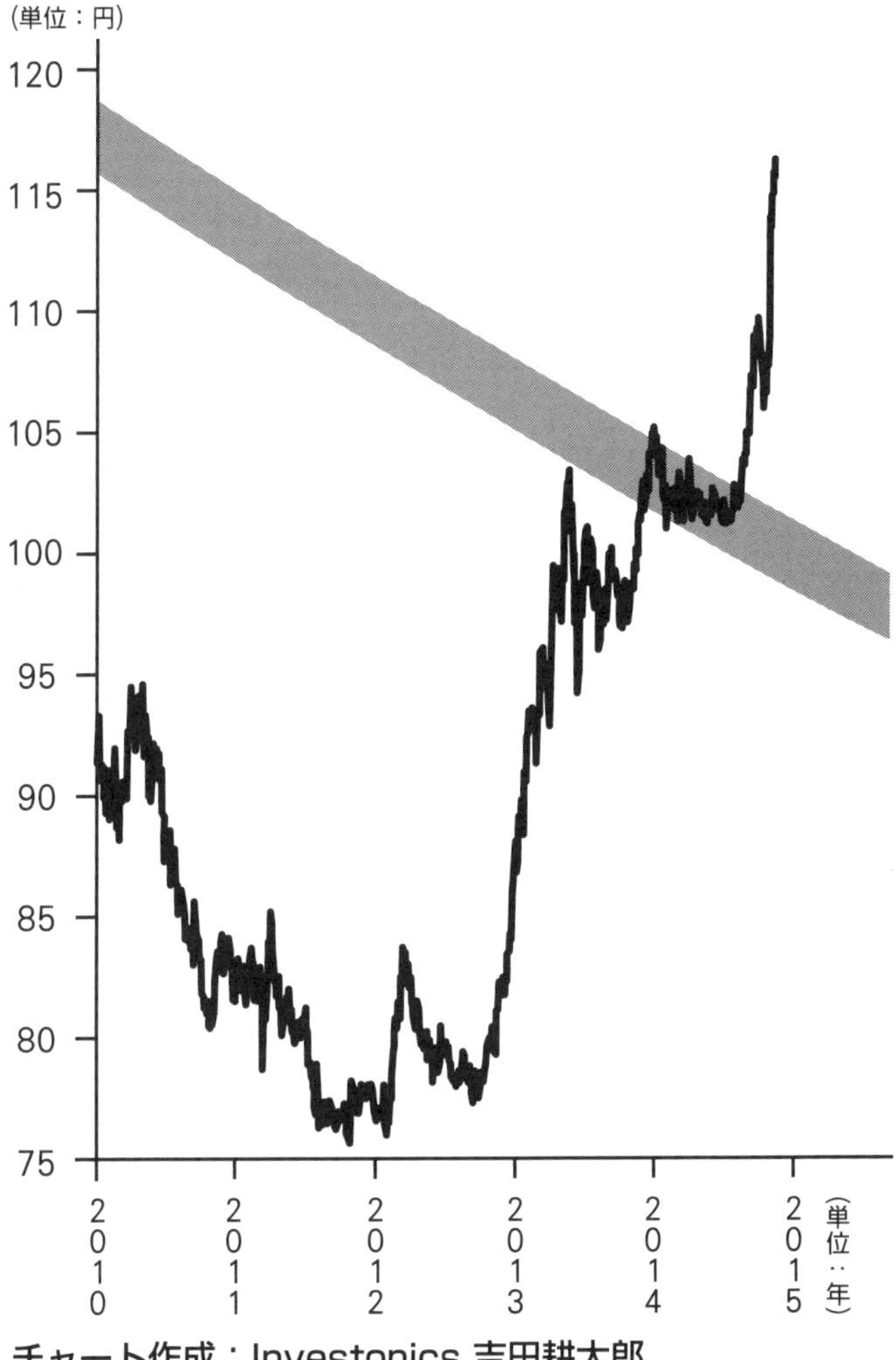

チャート作成：Investonics 吉田耕太郎

すでに四〇歳以上の年の方は死ぬまでずっと円安だということだ。

円安からはじまる国家破産への道

しかし、コトはこれで終わらない。実は、この円安は〝次なる経済的大惨事〟を生むのだ。流れと理屈はこうだ。今回の一ドル＝一一〇円達成によって当然のことながら「さらなる円安」がやってくる。一二〇円まではいい円安、一二五円以上は悪い円安といえばよいだろうか。つまり、日本のように資源が少なくエネルギーや食糧を海外からの輸入に頼らざるを得ない国にとっては、円安は輸入インフレを意味するのだ。

そして恐ろしいことに、インフレになれば必ず金利は上がる。円安→インフレ→金利上昇は即、国債価格の下落を意味する。しかも、日本は先進国中でも最悪の借金を抱えており、ＩＭＦ発表でも二〇一五年の春頃にはＧＤＰ比の二五〇％に達する見通しであり、これはあのギリシャの一七三％をはるかに超える異常な額の借金である（別の計算の仕方では二八〇％にもなる）。

したがって、円安をきっかけとしてもうすぐやってくる国債価格の下落は中途半端なものではなく、「国債暴落」というとんでもない事態を引き起こすだろう。そうなると大変なコトが起きる。その国債暴落は日本円の信認そのものを揺るがすこととなるので、円の信用も失墜する。つまり、さらなる円安を招くのだ。とすると、国債暴落→さらなる円安→インフレ→さらなる国債暴落という恐怖の悪循環が始まるのだ。この国債暴落は現時点（二〇一五年年頭）から見て二〜三年後のことだろう。これがいったん始まると、日銀がいくら国債を買っても国債の価格を支えきれないという事態がやってくる。

そして、日銀が金利と為替をコントロールできなくなる日がやってくる。こうして、地獄の門が開くことになる。円はさらにすさまじい勢いで値下がりし、「トリプル安」という最悪の状況に陥ることとなるだろう。つまり、債券（国債）、為替、株の三つ巴《どもえ》の暴落という非常事態だ。

そして、そこから二、三年後についにあの「国家破産」の幕が切って落とさ

までの道のり

2019-20年

→ 国家破産 →

2025-30年

ハイパーインフレ

一ドル＝三〇〇円を超える
すさまじい
円安

国家破産

2014年9月	2015-16年	2017-18年
110円	120円超え	
円安 →	さらなる円安 →	国債暴落

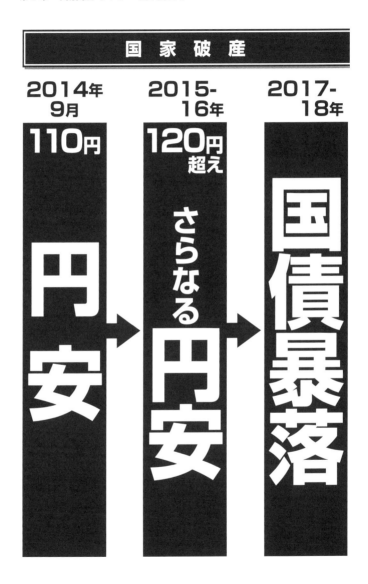

れることになる。そうなると、国内はハイパーインフレ、対外的にはドル／円は二〇〇円を突破するようなすさまじい円安ということになる。しかも下手をすると、かつての固定相場時代の三六〇円でとまらず、上へ突き抜けることとなる。

それについては、私が深く信頼するチャート分析の専門家の解説をここに引用することにしよう。

そこで、矢野氏の〝予言〟に耳を傾けよう。ドル／円について言えば、少し前までは一〇二円が大きなポイントだったが、二〇一三年五月二二日に一〇三円をつけたので、これまで戦後延々と続いてきた「長期円高トレンド」は終了したという。これもまた衝撃的内容といってよい。

では、円高のピークとはいつだったのか。それこそ、二〇一一年一〇月三一日の七五円五五銭が歴史的大底だという。長期的な数十年単位の視点で見ると株とほぼ連動して為替も底を打ったといってよいのだ（株は二〇〇九年、為替は二〇一一年。もちろん二年の差があるが、長期の流れの中では誤差の範囲内だ）。そして七五円から始まった今回の円安の第一波のトレンドの中でとりあえずドル／円は一二〇円までいく可能性があるという。そして、一二〇円を抜けると加速して一気に一三〇～一四〇円へと向かうという。ただし一二〇円をつけてからそのまま円安へとまっしぐらに進むわけではなく、いったん円高へ戻し、その後再び一三〇円へ向かうという。その際に気をつけてほしいのは、一二〇円まではいい円安、一三〇円を超えると日本にとってヤバイ円安となるという点だ。（中略）

というわけで、もう一度確認すると、為替は「長期円安」がすでに確定した。しかも、ここからの内容がさらに衝撃的だ。なんと、一ドル＝三六〇円で止まらなければ、上はいくらでもあるという。現時点ではちょっと信じられないかもしれないが、一ドル＝一〇〇〇円どころか、それ以上があるかもしれないと矢野氏は私に漏らした。そこで、私が「それはハイパーインフレということですか」と問うと、彼は「そうだ」と静かに答えた。その場合、もちろん株価も自動的に上がるということだ。

ただし先ほども述べた通り、これには一ドル＝三六〇円で止まらな**い**、**い**、**い**、ければという条件がつく。そこで私は一歩踏み込んで、「矢野さんの本音を教えてほしい」と詰め寄った。すると彼は「三六〇円では止まらない」とはっきり断言した。「チャート上は、三六〇円で止まって円高に逆戻りするとは考えられない」という。三六〇円を抜けると目度がなく、青天井の状態で上がっていくという。テクニカル的には二〇～三〇年後一ドル＝一万円になってもおかしくないと私に語った。

『国債暴落サバイバル読本』（第二海援隊刊）より

いずれにしても円高は終わり、長期の円安トレンドに突入しただけでなく、

1ドル＝110円到達が意味すること

巨大トレンドがあなたの生活と人生を変える！

↓

いち早く次のトレンドの変化に気づき手を打つこと

その当然の帰結として国債暴落から国家破産という事態に突入せざるを得ないことをよくご理解いただけたことと思う。

敗戦直後のドサクサの中では物価は一〇〇倍くらいとなり、預貯金は封鎖されたわけだが、今回も〝似たようなコト〟が起きるのはほぼ間違いない。その最初の引き金となるのが、今回の二〇一四年九月の一一〇円の円安なのである。

目の前で起こったトレンドの転換に対応するために

ところで、私が本書において読者の皆さんにお伝えしたいことは、「危機こそチャンス」だということだ。

巨大トレンドが動き始めた時、大抵の人はその変化に気付かず、流れを見誤って財産を大きく減らすが、逆にそのトレンドにいち早く気付いて人より先に手を打った人にとっては、とんでもないチャンスの時代となる。

そのもっともいい例が私自身だ。私はかつて毎日新聞の報道カメラマンをしていたが、九〇年の株暴落後、トレンドが大転換したことに日本人の誰よりも早く気付いた。九〇年の夏前に都内のマンションを最高値で売り抜けると、その資金を元手にデフレの時代に突入していく逆回転の歯車の動きに注目して本を書きビジネスを展開し、資産を今までとは違う方法で運用して大いに殖やしていった。したがって、トレンドさえちゃんと見極めて正しい投資方法をとれば、どんな時代でも資産を殖やすことは可能なのだ。

そして今回、その九〇年の株暴落に続く、久しぶりのトレンド大転換が私たちの目の前で起きた。ただし、前回の九〇年と違う点は、今回だけはちゃんとした手を打たないとほとんどの日本人が「国家破産」によって全財産を失う危険性があるということだ。この点だけは、くれぐれもご注意いただきたい。

二〇一四年九月の一ドル＝一一〇円到達はそれほどの意味を持つものであり、重大なトレンド転換が目の前で起こったのである。三〇年後までの私たちの運命はこれで決まったと言ってよい。あとは、いかに生き残りの手を打つかである。それについては、本書の後半で詳しく解説する。

第二章
戦後のドル／円の巨大トレンド

一ドル＝一五円の超円安？

太平洋戦争敗戦直後のドル／円相場は、一ドル＝一五円だった。「そんなに円高の時代があったのか！」あなたはそう思われたかもしれないが、それは違う。当時の一ドル＝一五円という為替レートは、それ以前に比べ相当な円安であった。実際、太平洋戦争開戦直前のドル／円相場は一ドル＝四・二五円であった。それが、戦争を経てわずか四年で一ドル＝一五円（「軍用交換相場」という進駐軍が日本で物資を調達する際の為替レート）となり、円は三分の一以下に下落したのである。

敗戦により国が疲弊し混乱する中、その後も日本円は急激に下落していった。軍用交換相場は一九四七年には一ドル＝五〇円に設定された。しかし、インフレにより設定された為替レートはほどなくして著しく割高になり、進駐軍の軍人らの日本国内での生活に支障をきたした。一九四八年には一ドル＝二七〇円に変更され、ハイパーインフレに連動するように円安が進んでいった。

一方で、当時のわが国には複数の為替レートが併存していた。たとえば、絹織物が三一五円、生糸が四二〇円、鉄鉱石が一二五円などというように、品目ごとにいくつもの為替レートが存在していた。このように、品目ごとに為替レートには大きなばらつきがあるが、総じて輸出品には円安のレート、輸入品には円高のレートが設定されていた。このようなレートは企業の生産性向上意欲をそいだ。

一ドル＝三六〇円時代、わが国の輸出産業は飛躍的に発展

一九四八年、米政府は複数の為替レートが併存する状況を改め、単一レートを設定するため、ＦＲＢ（米連邦準備理事会）のラルフ・ヤングを団長とする調査団を日本に派遣した。ヤング調査団は、一ドル＝三〇〇円が妥当との結論を示したが、ＧＨＱ（連合国軍総司令部）は日本経済を再建させるにはさらな

る円安が望ましいと判断した。そして、一九四九年四月二五日、一ドル＝三六〇円の単一為替レートが実施された。

ところで、三六〇円という微妙な数字はどこから来たのかという点については「円は三六〇度だから」というものや、「進駐軍の幹部が買った熊手の値段から弾き出した」というものまで諸説ある。比較的有力な説として、日米の物価上昇率に根拠を求めるものがある。一九三五年から一九四八年までの卸売物価の上昇率を比較すると、日本が約二〇八倍になったのに対し、米国は約二倍であった。つまり、この間の日本の卸売物価の上昇率は米国の約一〇四倍であったということになる。一九三五年のドル／円相場は一ドル＝三・五円であった。当時の円の価値を一〇四分の一に減価すると、一ドル＝三六四円となる。それから端数を切り捨てて一ドル＝三六〇円としたという説だ。

さて、新たに設定された一ドル＝三六〇円という単一為替レートは、当時の日本経済全体にとって厳しいものであった。品目ごとに定められていたそれまでの為替レートは輸出品には円安のレート、輸入品には円高のレートが設定されていたわけだから、厳しくなるのも当然だ。輸出・輸入とも全般に振るわず、わが国はデフレ不況に陥った。一九五〇年七月には日経平均株価は八五・二五円の史上最安値を記録した。

そのような中、一九五〇年に勃発した朝鮮戦争は戦後の日本経済にとって大きな転機となった。朝鮮戦争は米軍への軍事物資などの特需をわが国にもたらし、不況からの脱却を可能にし、復興への足掛かりをつかんだ。

その後、わが国は一九五四年から始まった神武景気を皮切りに、年平均一〇％もの成長率を遂げた高度経済成長期に入った。一九六八年にはGNPで西ドイツを抜き、わが国は世界第二位の経済大国になった。おのずと日本円の信用力も高まり、日本の輸出競争力が向上する中で、一ドル＝三六〇円という円相場は日本の実力と比べ割安になっていった。それにもかかわらず、ドル／円相場は一九七一年まで一ドル＝三六〇円という円安水準に固定されていた。

割安な円相場が続いた背景としてよく指摘されるのが、朝鮮戦争を境とする米国の対日政策の転換である。敗戦直後の米国の対日政策は、日本の軍国主義が二度と復活することのないよう、「日本の弱体化」に重点が置かれた。しかし、朝鮮戦争により米ソの対立が決定的になると、米国は日本を西側陣営に組み込み、「共産主義に対する防波堤」とするべく経済的に自立させるよう政策を転換したのである。

何はともあれ、当時の割安な円はわが国の輸出産業を飛躍的に発展させ、高度経済成長の強力な原動力になったのである。

ニクソン・ショックと「金／ドル本位制」の崩壊

第二次世界大戦後、覇権国として圧倒的な経済力を誇っていた米国も一九六〇年代に入ると次第に衰えを見せ始める。ベトナム戦争などにともなう軍事費の増加により財政赤字が拡大して米国内でインフレが進行し、次第に米ドルに対する不安が広がり始めた。そして、米ドルに対する不安は一九七一年のニクソン・ショックで一気に表面化するのである。

第二次世界大戦後の国際通貨体制は、米ドルを金と並ぶ国際通貨とする「金／ドル本位制」を採っていた。金とドルの交換比率を一オンス＝三五ドルと定め、金との交換を保証した。そして、各国の通貨はドルに固定された。大戦直後、米国は大量の金を保有していた。この圧倒的な金保有量を背景に、金との交換を保証された米ドルは、金と同様の価値があったわけである。

しかし、一九六〇年代になるとベトナム戦争による財政悪化、日本や欧州諸国の台頭による国際収支の悪化により、大量のドルが海外に流出した。そのため、米国は大量のドル紙幣発行を余儀なくされた。米国が大量の金を保有していると言っても、金の保有量を上回る米ドルが世界中に溢れれば、いずれ米ドルは金と交換できなくなる。不安を覚えた各国は、こぞってドルを金に換えようとした。一九四九年のピーク時には二万トンを超えていた米国の金準備高は、一九七〇年には一万トンを割り込む水準まで減少していた。もはや金／ドル本位制の維持は困難であった。

そして、ついにその時が来た。一九七一年八月一五日、ニクソン米大統領

（当時）はドルと金の交換停止を発表した。このニクソン・ショックにより、金／ドル本位制は崩壊した。信用を失った米ドルは大量の売りを浴び、暴落した。

スミソニアン協定と米ドル大幅切り下げ

ニクソン・ショックにより米ドルが暴落する中、米国は米ドルを切り下げつつも固定相場制を継続し、米ドルの価値を維持しようと試みた。一九七一年一二月、米国のスミソニアン博物館で先進一〇ヵ国との会議が行なわれ、ドルの切り下げと為替変動幅の拡大などが決められた。このスミソニアン協定により、金とドルの交換比率は一オンス＝三八ドルとなり、ドルは切り下げられた。日本円は一ドル＝三六〇円から三〇八円へと切り上げられた。また、上下各一％だった為替変動幅は、上下各二・二五％に拡大された。

しかし、このような米ドルの大幅な切り下げをもってしても、米国の国際収支の悪化、米ドルの信用力低下を食い止めることはできなかった。英国をはじめ各国は相次いでスミソニアン協定を放棄し、一九七三年には変動相場制に移行した。スミソニアン体制はわずか二年で崩壊したのである。

一九七三年二月には米国のボルカー財務次官がきゅうきょ秘密裏に来日し、愛知揆一蔵相と会談。ボルカー財務次官はその後日本から欧州に回り、金価格の改定と円切り上げの必要性について合意を取り付けた。米国はさらに安全保障問題まで暗に匂わせて日本側の譲歩を強く求めた。こういった圧力を受け日本は田中角栄首相、愛知揆一蔵相、大平正芳外相が協議し、ドルの一〇％切り下げと円の一〇％切り上げを要請した。愛知蔵相は結局、円を対ドルで一七～二〇％の切り上げに相当する一ドル＝二五七～二六四円で変動させることに合意した。それ以来、わが国は変動相場制に移行し、現在に至る。

〝強い円〟時代の幕開け

一九七六年一月、ジャマイカのキングストンでＩＭＦの暫定委員会が行なわれた。この時に成立した「キングストン合意」により、「変動相場制」が正式に承認され、金の公定価格は廃止された。

変動相場制には、国際収支の不均衡を自動的に調整する機能が期待された。たとえば、貿易収支が赤字になると円安／ドル高になり、輸出が増えて輸入が減り貿易赤字が減少する。逆に貿易収支が黒字になると円高／ドル安になり、輸入が増えて輸出が減り、貿易黒字が減少するという具合である。しかし、実際の為替相場の動きは金利差の影響などもあり、必ずしもこの理論通りにはならず、経常収支を均衡させる水準からは大きくかけ離れた水準で推移することも少なくない。

いずれにしても、変動相場制への移行とともに弱い円の時代は終わった。それ以降、固定相場時代の一ドル＝三六〇円という円安水準を付けたことは一度もない。米ドルの信用力が低下する一方で、日本の経済成長とともに円の信用力は向上していったため、変動相場制移行後は大局として円高／ドル安が進んだ。ニクソン政権と、その次のフォード政権が〝ドル安政策〟を採っていたことも、円高／ドル安の流れを後押しした。

ただし、当時の為替相場は現在からは考えられないほど不安定で変動が大きかったようだ。当時の為替ディーラーの、興味深いエピソードが日本経済新聞に掲載されているので紹介しよう。――式町みどり。一九七三年から仏ソシエテジェネラル銀行で働いた女性為替ディーラーの草分けだ。七一年のニクソンショックを機に国際通貨体制は一ドル＝三六〇円の固定相場制から変動制に移行。輸出入の為替取引をつなぐだけの閑散とした職場は一変した。「怖くてトイレにいけなかった」と式町。数分で二円、三円、一晩で一〇円動くのが当たり前。取引ルールも分析手法もない。頼りは勘と度胸だけだった（二〇〇八年一月一日付日本経済新聞）。

数分で数円が動く――こんな為替取引では身がもたない。

変動相場制移行後、乱高下をくり返す為替相場

一九七三年は変動相場制への移行以外にもう一つ、世界経済を揺るがす大事件が起きた。〝石油ショック〟である。第四次中東戦争をきっかけに、ＯＰＥＣ（石油輸出国機構）が原油価格を一気に四倍に引き上げたのだ。

中東の石油に依存していた先進国は大打撃を受け、物価の高騰と不況が同時発生するスタグフレーションに陥った。日本も「狂乱物価」と呼ばれるほどの激しいインフレと不況に悩まされた。翌一九七四年には戦後初のマイナス成長を記録し、一九五〇年代半ばから続いた高度経済成長期は終焉を迎えた。

石油ショックを受け、為替市場も大きく動揺した。変動相場制移行後、一ドル＝二六〇円台まで上昇した円相場は一ドル＝二八〇円へと急落した。その後、為替相場は比較的安定し、一ドル＝二七〇円台から三〇〇円台の間で推移した。

一九七五年一二月には、円相場は変動相場制移行後の最安値となる一ドル＝三

〇六円を付けた。

しかし、落ち着いていたドル／円相場も一九七七年になると再び円高／ドル安基調を強めた。当時、わが国の輸出は米国の景気拡大を背景に堅調に伸びていた。その結果、経常黒字が拡大し、円高圧力が高まったのである。逆に米国は貿易赤字が拡大、インフレ率が上昇し、ドル安圧力が高まった。そのため、急ピッチに円高／ドル安が進んだ。一九七八年五月に一ドル＝二三〇円だったドル／円相場はその年の夏には二〇〇円を突破、同年一〇月にはそれまでの高値である一ドル＝一七六円を付けた。

この急激な円高／ドル安を受け、カーター米大統領（当時）は同年一一月、為替市場への協調介入、公定歩合の引き上げなどのドル防衛策を発表した。「カーター・ショック」と呼ばれるこのドル防衛策により、ドルは一日で一〇円以上高騰するなど急上昇し、あっと言う間に一ドル＝二〇〇円近辺まで値を戻した。

翌一九七九年にはイラン革命にともなうイランの原油生産停止、ＯＰＥＣによる原油価格の引き上げが実施され、〝第二次石油ショック〟が発生した。わが国の貿易収支、経常収支は赤字に転落し、為替は円安傾向で推移した。同年一一月には一ドル＝二五〇円台、翌一九八〇年四月には一ドル＝二六〇円台まで円安が進んだ。その後、一九八一年一月には一ドル＝一九九円台まで円高が進み、一九八二年一一月には一ドル＝二七八円台まで円安が進むなど為替相場は大きく変動した。このように、変動相場制移行後の為替相場はなかなか安定せず、乱高下をくり返した。

「プラザ合意」と大幅な円高

一九八一年に米大統領に就任したレーガンは、「レーガノミクス」と呼ばれる自由主義経済政策を採った。レーガンは強いアメリカの復活をめざし、社会保障費や軍事費をはじめとする財政支出を拡大し、投資を促すため規制を緩和し、大幅な減税を実施した。その結果、米国の財政は悪化し、インフレを抑えるために採られた高金利政策はドル高を招いた。米企業の国際競争力は低下し、貿易赤字が急増した。米国は財政赤字と経常赤字という「双子の赤字」に悩まされることになった。

一方、日本では円安／ドル高を追い風に一九八一年には経常収支が黒字に転換し、その後も黒字幅は年々拡大していった。このような貿易不均衡の拡大は、日米間で自動車などをめぐる貿易摩擦に発展した。「日本経済の実力に比べて円は割安だ」という批判が高まった。

一九八五年九月二二日、ニューヨークのプラザホテルでG５（先進五ヵ国蔵相・中央銀行総裁会議）が開かれた。日・米・英・仏・西独の五ヵ国によるこの会議で、ドル高を是正するため各国が協調することが合意された。日米貿易摩擦が激化していた当時、この合意は実質的に円高誘導であった。

この「プラザ合意」により各国は協調介入を実施し、円高／ドル安が一気に加速した。プラザ合意の前日まで、ドル／円相場は一ドル＝二四〇円前後であった。それが合意文書の発表後、わずか一日（二四時間）でドルは約二〇円も下落したのである。同年末には一ドル＝二〇〇円になり、翌一九八六年七月には一ドル＝一五四円台まで円高が進んだ。

バブル景気

プラザ合意後のあまりにも急激な円高により、わが国の輸出企業の国際競争力は大きく低下した。輸出主導型のわが国経済は大打撃を受け、円高不況に陥った。製造業などでは円高に対応するため、生産拠点を海外に移転する企業が増えた。

そこで、わが国は内需主導型経済への転換をめざし、公共投資を拡大するなど積極財政を行ない、超低金利政策を採った。これらの政策はわが国の景気を浮揚させたが、供給された巨額の資金は土地や株式への投資に向かった。

また、原油安も景気を刺激した。原油価格は第二次石油ショック後、一バレル＝三〇ドル前後で推移していたが、一九八六年には一バレル＝一〇ドルを割り込む水準まで急落した。原油価格の大幅な下落はわが国の交易条件を大きく改善させ、日本経済にプラスに働いたが、その一方で土地や株式への投資熱を高めたとの分析もある。

いずれにしても土地や株式への投資は過熱し、異常な値上がりをもたらした。多くの投資家はそれで満足することはなく、高騰した土地や株式を担保に資金を借り入れ、さらに投資を拡大していった。資産価格の高騰が過剰投資を促し、それがますます資産価格を高騰させるという状況であった。

わが国はバブル景気に突入し、日経平均株価は一九八九年一二月二九日、三万八九五七円の史上最高値を付けた。土地も高騰し、当時、東京の山手線内側の土地価格で、米国全土の土地が買えるとも言われた。

このバブル景気の過熱が目立ち始めた一九八八年以降は、極端に円高が進むことはなかった。特に一九八九年から九〇年前半にかけては円安傾向が強まり、一九九〇年四月には一ドル＝一六〇円程度まで円安が進んだ。超低金利政策に加え、円高により海外直接投資が増え、それが円安を促した面がある。

一九八九年には三菱地所がニューヨークのロックフェラーセンターを約二二〇〇億円で買収した。この買収はジャパンマネーによる海外資産買い漁りの象徴として米国民の反感を買い、ジャパン・バッシングが高まった。日本の生命保険会社なども、バブルにより増大した巨額の資金を武器に海外の多くの不動産などを買収した。国内生保は海外で「ザ・セイホ」と呼ばれ、大きな存在感を示していた。

バブル崩壊と急激な円高

資産価格の異常な高騰を抑制するため、政府・日銀は引き締めに動き、一九八九年五月から段階的に公定歩合を引き上げた。また、一九九〇年四月からは不動産向け融資の総量規制が実施された。他にも地価税の導入、固定資産税の課税強化などの対策が打ち出された。

これらの強力な対策は、結果的に市場への資金供給を過度に絞り込んでしまった。それまでのように、借り入れをして土地や株式に投資する人が減り、ほどなくして土地、株式ともに下落に転じた。一九九〇年二月には日本株が暴落し、さらに一九九〇年一〇月頃からは地価も下落し始めた。ついにバブルは崩壊し、日本経済は長期低迷に陥った。「失われた一〇年」と言われた長期経済停滞は一〇年経っても終わることはなく、リーマン・ショック後の世界的な金融危機を経て、「失われた二〇年」という言葉にとって代られた。

一九九〇年八月にイラクがクウェートに侵攻し湾岸危機が発生すると、原油価格は一バレル＝四〇ドルまで急騰し、株の下落に拍車がかかった。日経平均株価は同年一〇月一日には一時、二万円を割り込んだ。前年末の史上最高値からわずか九ヵ月で半値近くにまで暴落した。その後も日経平均株価は上下を繰り返しつつ、下落の一途をたどった。

地価についても、東京、大阪の大都市圏では一九九〇年秋頃から、全国的にも一九九二年頃から下落に転じた。「土地は決して下落しない」という土地神話は脆くも崩れ去った。それ以後、一〇年以上にわたりわが国の公示地価は下落し続けた。その結果、わが国からは巨額の国富が失われた。

バブル崩壊後の為替市場では円高傾向が強まり、一九九四年には一ドル＝一〇〇円の節目を割り込んだ。バブルが崩壊し景気が低迷している中で、なぜ円はこれほどまでに高くなったのか？　景気が悪いわけだから日銀も当然、利下げを進めた。一九九〇年に六％まで引き上げられた公定歩合は景気悪化にともない段階的に引き下げられ、一九九三年には一・七五％になっていた。これほど大幅に金利が低下し、金利面の魅力が乏しくなった円がなぜ買われたのか？　疑問に思われる方も多いだろう。

確かに金利低下は通貨安要因だ。ただし、通貨価値の決定要因は金利だけではない。貿易収支や物価の動向、戦争やテロといった地政学的要因、プラザ合意に見られるように国家間の利害関係、また、それらの材料を基に売買を行なう投機筋の動向など、非常に多くの要因が複雑に絡み合い為替相場は形成される。当時の大幅な円高の要因としては、バブル期に積極的に海外投資を行なった機関投資家が海外投資からの撤退、海外資産の売却を進めたこと、バブル崩壊後、内需が冷え込み輸入が減少したことで、貿易黒字が増加したことなどが挙げられる。日本の巨額の経常黒字は円高圧力を高め、米国はドル安を容認しているとの見方が強まった。

そして、一九九五年四月、円相場は一ドル＝七九円七五銭を付けた。これは当時の戦後最高値であった。

金融危機に翻弄される為替相場

あまりにも急激な円高に危機感を強めた主要先進国は、円高是正に動いた。一九九五年四月にワシントンで開催されたＧ７で過度な円高への懸念を共有し、同年七月には日米による協調介入が行なわれた。さらに同年九月には日銀が公定歩合を一％から〇・五％に引き下げた。これらの対策により円は急落し、一九九五年九月には一ドル＝一〇〇円台まで戻した。

その後も米国のドル高政策に加え、一九九七年七月のアジア通貨危機の発生もあり、円高是正が進んだ。さらに日本国内でも北海道拓殖銀行、山一證券などの大手金融機関の相次ぐ破たんにより金融システム不安が高まり、円相場の下落に拍車がかかった。一九九八年八月には一ドル＝一四七円台まで円安／ドル高が進んだ。

しかし、それをピークにドル相場は急落する。一九九八年にロシアで金融危機が深刻化すると、その影響は中南米にも波及し、ドルは売られた。さらに同年秋、米ヘッジファンド「ロングターム・キャピタル・マネジメント」（ＬＴＣＭ）が破たんすると、マーケットは大きく混乱した。株式市場は暴落し、急激な円高／ドル安が進行した。特に同年一〇月の七日から八日にかけてドルはパニック的に売られ、そのわずか二日間でなんと二〇円以上も円高／ドル安が進行した。翌一九九九年も円高／ドル安が進み、一ドル＝一〇〇円割れが視野に入ったが、一ドル＝一〇二円程度で踏みとどまった。

二〇〇〇年以降、数年間のドル／円相場はそれ以前と比べると値動きは緩やかであった。と言っても、世界経済は決して安定していたとは言えない。二〇

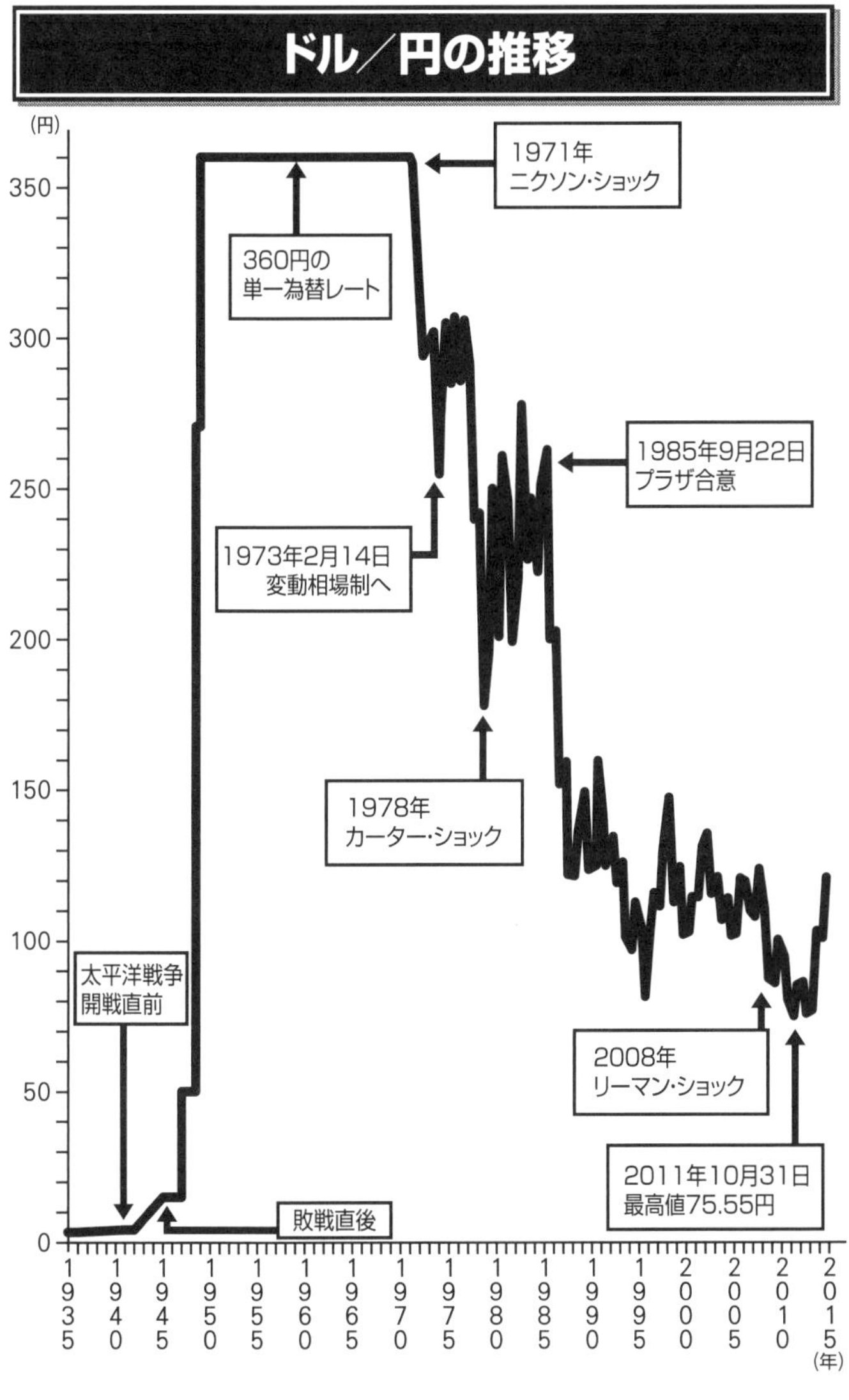
ドル／円の推移
(円)
350
300
250
200
150
100
50
0
1971年
ニクソン・ショック
360円の
単一為替レート
1985年9月22日
プラザ合意
1973年2月14日
変動相場制へ
1978年
カーター・ショック
太平洋戦争
開戦直前
敗戦直後
2008年
リーマン・ショック
2011年10月31日
最高値75.55円
1935
1940
1945
1950
1955
1960
1965
1970
1975
1980
1985
1990
1995
2000
2005
2010
2015
(年)

〇〇年にはＩＴバブルが崩壊、二〇〇一年九月には米同時多発テロ、二〇〇三年にはイラク戦争が発生するなど、多くの波乱要因があった。その度にマーケットも動揺した。特に日本株の下落は激しく、二〇〇〇年四月に二万円台を付けていた日経平均株価は、翌年の米同時多発テロ直後には一万円の大台を割り込み、二〇〇三年四月には七六〇三円まで下落した。

それに対して同時期のドル／円相場は、円安が進んでも一ドル＝一三〇円台、円高が進んでも一ドル＝一〇〇円台までであった。円高局面では一〇〇円割れを何度かトライしたが、ことごとく手前ではね返され、マーケットは一ドル＝一〇〇円の壁を強く意識していることが窺えた。

二〇〇五年以降は日本の超低金利が続く中、金利の低い円を売り、ドルなどの高金利通貨に投資する「円キャリートレード」が盛んになり円安が進行した。二〇〇七年六月には一ドル＝一二四円台を記録した。しかし、それまでの危機とは比較にならないほどの凄まじい危機が忍び寄っていた。

それまで上昇を続けていた米国の不動産市場にブレーキがかかり、サブプライムローン問題が表面化すると、円キャリートレードの巻き戻しが起こり、二〇〇七年八月には一ドル＝一一三円台まで円高／ドル安が進行した。円キャリートレードの巻き戻しに加え、米国の金融緩和による日米の金利差縮小も円高圧力を高めた。米国の住宅バブルは弾け、翌二〇〇八年秋には投資銀行「リーマン・ブラザーズ」を破たんに追い込んだ。

リーマン・ブラザーズの破たんは、「一〇〇年に一度の危機」とも言われる、とてつもない破壊力をもって全世界の株式市場を大暴落させた。ドルから円への壮大なマネーの逆流はさらに勢いを増し、二〇〇八年一二月には一ドル＝八七円台まで円高が進んだ。

「リーマン・ショック」後も、「ギリシャ・ショック」「ドバイ・ショック」そして東日本大震災と、危機の連鎖は全世界を巻き込んでいった。わが国は政府部門の巨額の債務にもかかわらず、それを上回る民間部門の貯蓄超過により経常黒字を維持していたため、円は安全通貨として買われる流れが続いた。

二〇一一年一〇月三一日には、一ドル＝七五円三二銭の戦後最高値を記録した。

しかし、歴史的な円高局面が続く中、戦後の壮大な円高トレンドの転換点は刻々と近づいていた。

戦後長らく続いた円高トレンドが大転換した

バブル崩壊後のわが国経済の長期低迷と超低金利政策にもかかわらず、為替が円高傾向で推移した大きな要因としては、「経常黒字」と「デフレ」が挙げられる。経常黒字は、簡単に言えば貿易などの海外とのやりとりにおいて、海外への支払いよりも海外からの受け取りの方が多い状態だ。海外から受け取った外貨を円に替える需要が増え、円高圧力に作用する。またデフレは物価の下落であるから、相対的に通貨価値が高まるため、やはり円高圧力となる。

ところがこの数年、これらの円高圧力が弱まりつつある。日本企業の国際競争力の低下もあり減少していた貿易黒字は、東日本大震災をきっかけに赤字に転落した。貿易収支の赤字を所得収支の黒字が補う形で経常収支はなんとか黒字を維持しているが、経常黒字も二〇〇七年をピークに減少の一途をたどる。

また、二〇一二年に誕生した安倍政権は黒田日銀とタッグを組み、デフレを克服すべくインフレターゲットを設定し、強力な金融緩和を推し進めている。その結果、デフレ圧力は弱まり、米国の景気回復にともなう金融引き締め観測もあり、円安／ドル高が急激に進行した。二〇一二年秋に一ドル＝八〇円程度だった為替相場は、二〇一三年には一ドル＝一〇〇円を超え、二〇一四年には一ドル＝一二〇円を超えた。

しかし、急激な円安をもたらした破滅的ともいえる金融緩和の結果、日銀は大量の国債を抱えることになった。日銀は事実上の国債引き受けという禁じ手に踏み込んでしまったのである。

将来的な国家破産が不可避という状況の中、日本国債が不良債権化すれば日銀の資産は劣化し、日銀の信用力は低下する。日銀の信用力低下は、日銀が発行する日本銀行券、すなわち日本円の信用力低下につながりかねない。悪性の円安、インフレを引き起こすリスクを高めているのだ。

いずれにしても、二〇一二年の円高から円安へのトレンド転換は、それまでのトレンド転換とはまったく次元の異なる巨大な大転換となろう。安倍政権と黒田日銀による壮大なバラマキは、国家破産までに私たちに残された時間を大幅に短縮させた可能性が高い。

第三章

日本銀行は破たんする

——二〇〇八年以降、世界中がマネーを刷り続けて……

お金を借りると利息がもらえる⁉

お金を借りると利息がもらえる――「預けると」ではない。「借りると」なのだ。そんなバカなと思うだろうが、そんなバカなことが今本当に起こっているのだ。しかも、お金を借りる側は借金王。借りて借りて借りまくっているヤツなのだからこの話、ますますもっておかしな話なのだ。

借りまくっている借金王の名は、日本国。さすがにもう多くの国民が知るようになったが、この日本国政府の借金は一〇〇〇兆円を超える。世界一の借金大国だ。昨年二〇一四年の一二月一日には、米格付け大手ムーディーズ・インベスターズ・サービスが、日本国債を「Ａａ３」から「Ａ１」に格下げた。これにより、今までは同じ「Ａａ３」格にランクされていた中国・韓国より日本は下になった。

格下げの理由はまず、安倍首相が二〇一五年一〇月に予定していた消費税再増税を一年半先送りしたことで、「政府が中期的な財政赤字の削減目標を達成できるか不確実性が高まった」こと。そしてもう一つは、政府の成長戦略の追加策が不透明なため、景気後退局面の中で「デフレ終息は困難」と判断したためだ。極めて真っ当な指摘と言えよう。明らかに信用が低下しているこんな借金大国が、お金を借りる時に利息がもらえるようになったのだ。

ムーディーズによる格下げの三日前、一一月二八日の東京債券市場で満期二年の国債利回りが一時、マイナスになった。マイナス○・○○五％を付けたのだ。これの意味するところはこういうことだ。日本国に二年ローンでお金を貸す。すると、お金を貸した側が年○・○○五％金利を払うということだ。日本国は、お金を借りられた上に利息までもらえる。こんなウマイ話の状態にあるのだ。

なぜ、そんなおかしなことになっているのか？　それこそ、「異次元緩和」「追加緩和」と言われる日銀の金融政策によるものだ。

今、日銀は何をやっているのか?

日銀の「異次元緩和」「追加緩和」という言葉はよく耳にするけれども、一般国民にとって金融政策というのはいまひとつよく分からない。たとえば、二〇一四年一〇月三一日の「日銀の追加緩和」を受けて、読売新聞(二〇一四年一一月一日付)は一面トップでそれを伝え、その記事のリード部分の冒頭で次のように書いている。「日本銀行は31日の金融政策決定会合で、追加の金融緩和策を賛成多数で決めた。国債などを買い増し、世の中に出回るお金の量を増やすペースを年80兆円と、これまでより10兆~20兆円拡大する」——この記事を読んだ方の中には、お金の量=お札の量と考え、日銀が輪転機を回してお札の量を毎年八〇兆円増やすのかなあと、なんとなく思った方がいるかもしれないが、実はそうではない。そもそもお札(日本銀行券)の発行残高は八七兆円程度しかなく(二〇一四年一一月現在)、一年に八〇兆円も増やすとなると、お札の量が毎年倍々ゲームで増えていくというトンデモナイ話になってしまう。先の読売の記事の続きをよく読むと、ここで言う「世の中に出回るお金の量」とは専門的には「マネタリーベース」（資金供給量）ということがわかる。そこでまず、お札とはどんなものなのか、そして金融緩和政策の目標となるお金の量（マネタリーベース）とは何かについて説明していこう。

まず、お札の説明からいこう。お札＝日本銀行券は、日銀が日銀券の需要に関する先行きの想定等を元に国立印刷局に製造を発注する。日銀券の需要とは、たとえば年単位で見ると、冬季ボーナスと年末年始の資金手当が重なる一二月に日銀券の需要は通常月より高まる。また、二〇〇二年のペイオフ部分解禁時には、「一〇〇〇万円を超える額を銀行に預けておくと危ない。引き出して手元に置こう」という国民心理が起こり、日銀券の需要を高めた。

日銀はこのような日銀券に対する需要を想定して日銀券の印刷発注をかけるわけで、むやみに印刷発注をしているわけではない。「日銀が輪転機をどんどん回してお札を刷る」などというのは、巷に広がっている俗説に過ぎない。だから、異次元緩和や追加緩和の対象となっているお金の量というのも、当然日銀券の量のことではない。

では、今、金融緩和の対象となっているお金の量である「マネタリーベース」とは何なのであろうか。マネタリーベースとは、「日銀券発行高」＋「貨幣流通高」＋「日銀当座預金」のことをいう。このうち、日銀券がどのように発行されるかについてはすでに述べた。貨幣流通高というのは五〇〇円・一〇〇円・五〇円といった硬貨のことで、この二つを合わせて「現金通貨」というが、読者の皆さんのご想像のとおり、現金通貨の大半はお札＝日銀券であり九五％を占める。そうすると、残るのは日銀当座預金。実は、これがマネタリーベース拡大の圧倒的なカギなのである。

異次元緩和で日銀当座預金は三・五倍に！　しかし……

日銀当座預金とは何か？　一般企業や個人事業主は市中の銀行に決済用の当

マネタリーベースとは?

1.日銀券発行高

＋

2.貨幣流通高

＋

3.日銀当座預金

この3つの合計である

座預金を設ける。決済目的だけの口座だから利子は付かない。日銀当座預金もそれと同じく決済用の原則無利子の預金口座である。ただし、この預金口座の主は企業や事業者ではない。市中の銀行である。市中の銀行が決済のために日銀の中に持っている口座。これが、「日銀当座預金」である。

この日銀当座預金の主要部分は、「準備預金」と呼ばれるものである。市中銀行は預かっている預金の一定比率（準備率）以上の金額を、日銀に預け入れることが義務付けられており、それを準備預金と言う。この準備預金を主体とした日銀当座預金には、原則として利子が付かない（ただし法定準備預金額を超えた超過準備に対しては、二〇〇八年一一月から〇・一％の付利あり）。したがって、市中銀行は儲からない日銀当座預金にお金が積み上がれば、その分をどこかに貸し付けて稼がなくてはいけなくなる。政府・日銀が狙ったのはそこだ。日銀当座預金を大幅に積み増して、市中銀行に儲けるための活動を促す――貸し出しを増やすように仕向けたのである。

では、どうやって日銀当座預金を積み増すのか？　市中銀行から色々なものを買って、その代金を日銀当座預金に振り込むことによってである。先に追加緩和を報じる読売新聞記事のリード部分を取り上げたが、今度は日本経済新聞（二〇一四年一一月一日付）一面トップ記事のリード部分から抜粋しよう。「長期国債の買い入れ量も30兆円増やして80兆円にする。上場投資信託（ETF）と不動産投資信託（REIT）の購入量は3倍に増やす」――少し説明を加えると、日銀が買う長期国債の買い入れ量八〇兆円というのは、一年間での話である。この金融緩和政策が続けば、二年で一六〇兆円、三年で二四〇兆円ということになる。大変な額である。

こうして、日銀が市中銀行からトンデモナイ額の国債を買うことにより、確かに日銀当座預金はどんどん積み上がってきている。日銀は二〇一三年四月の異次元緩和により、年五〇兆円長期国債を買うことを決めた。その前月である二〇一三年三月の日銀当座預金平均残高は、四七兆三六七四億円。それが二〇一四年一一月だと一六七兆六四五二億円。実に、三・五倍を超える積み上がり方なのだ！　日銀当座預金残高の激増にともなって、当然マネタリーベース全体も大きく増えている。この期間のマネタリーベースの変化を見てみると、一三四兆七四一三億円から二五九兆三六〇三億円。倍近くになっている（これらの数字は、二〇一三年四月以降の「異次元緩和」の結果を示す数字であって、二〇一四年一〇月三一日に決定された「追加緩和」の影響はまだ出ていない。追加緩和はこれをさらに激しくやるという話である）。ちなみにこの間の日銀券発行残高の動きはと言えば、八二兆八三七一億円から八七兆九九〇億円。大して増えてはいない。

このように、異次元緩和によって確かに日銀当座預金は大きく積み上がり、それによる押し上げによってマネタリーベースも倍近くに膨らんだ。では、狙いどおり銀行貸し出しも大幅に伸びたのか。ここに二〇一四年一一月の銀行貸出動向を報じる日経ＱＵＩＣＫニュース（二〇一四年一二月八日付）の記事がある。冒頭部分を引用しよう。

「日銀が（一二月）８日発表した11月の貸出・預金動向（速報）によると、全国の銀行（都市銀行、地方銀行、第二地銀）の貸出平均残高は前年同月比２・

マネタリーベース（資金供給量）は倍増したが……

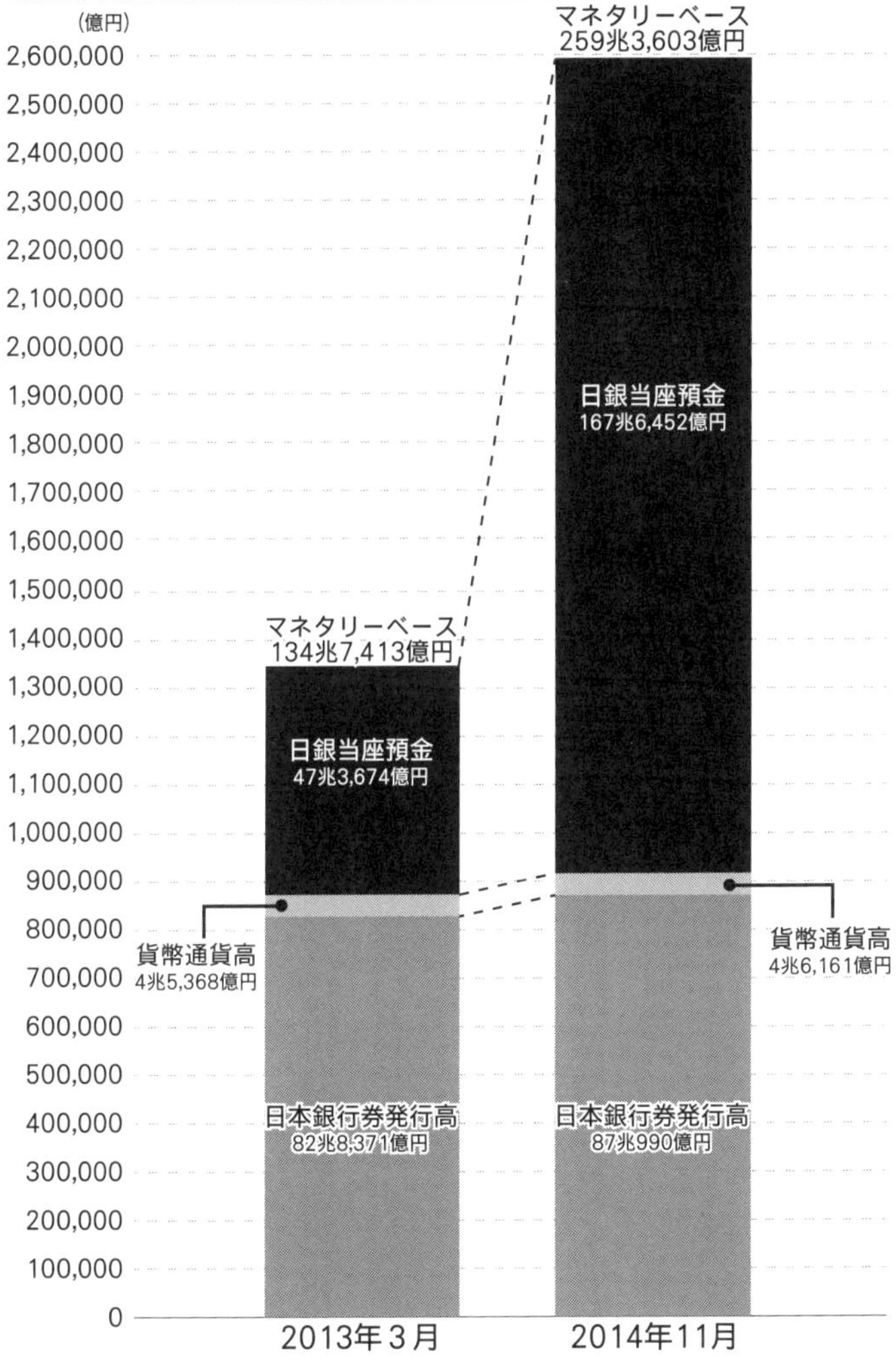

8％増の418兆6502億円だった。伸び率は前月（2・4％）から拡大し、2009年5月（3・3％）以来5年半ぶりの高水準だった。円安の進行により外貨建て貸し出しの円換算額が上振れしたほか、M＆A（合併・買収）関連の大口案件が複数あった。好調な不動産向け融資も引き続き残高を押し上げた」。

銀行貸出の伸び率は高水準と記事は伝えているが、円安の進行によって外貨建て貸し出しの円換算額が膨らんだことを計算に入れても、前年比の伸び率は二・八％だというのである。貸し出しの元になるはずの日銀当座預金残高は異次元緩和によって三・五倍にもなっているにもかかわらず、である。追加緩和を伝える読売新聞（二〇一四年一一月一日付）の社説は、「日銀追加緩和――脱デフレへ強い決意を示した」と評価しながらも、次のように懸念を示していた。「だが、先行きは楽観できない。これまでの緩和策で、資金供給量は約2倍に増えたが、金融機関の貸出残高は前年比2％程度の低い伸びにとどまっている」。

なぜ、貸し出しが伸びないのか。そもそも人口減少（＝国内市場縮小）の日本経済の先行きが明るくないところへもってきて、この金融緩和が招いた急激な円安が企業心理を一層冷やしてしまったからである。

お金はあっても資金需要がない

日本銀行が三、六、九、一二月に行なう上場企業や中小企業への業況調査である「全国企業短期経済観測調査」。通称「日銀短観」。二〇一四年一二月一五日に発表された日銀短観では、先行きの業況判断指数（ＤＩ）は全規模・全産業で四ポイント悪化。円安の恩恵を受けるはずの大企業・自動車ですら五ポイント悪化を予想。過度の円安の進行、消費の伸び悩み状況を目の当たりにして、大企業ですら先行きに明るい見通しを立てられないのだ。

当然のことながら、輸入原材料高に頭を悩ませる中小企業の全産業先行きＤＩも良くない。四ポイントの悪化を見込み、悪化予想は製造業では一六業種中一四業種、非製造業では一二業種中八業種とともに過半数を占めた。急ピッチな円安に対して、富士通の山本正巳社長は「為替は安定していることが重要。

じわりじわりと動くという状態が心地いい」と語っているが、〝市場任せ〟のアベノミクスにそんなことを期待しても無理というものだ（〝市場任せ〟はアベノミクスに始まった話ではなく、一九八四年の「日米円ドル委員会」にまでさかのぼる〝金融敗戦〟の話であるが。なお、「日米円ドル委員会」による〝金融敗戦〟については、『円もドルも紙キレに！　その時ノルウェークローネで資産を守れ』（第二海援隊刊）第三章で解説してあるので、詳しくはそちらをお読みいただきたい）。

市中銀行が貸し出しを増やすこと――これこそが経済成長にとって極めて大切なことなのは言うまでもない。逆に言えば、民間企業がお金を借りて設備投資を増やし、個人がお金を借りて住宅を買う。こういう経済状況になれば、景気が良くなり経済は成長する。ただ単に、市中銀行レベルにまでお金をジャブジャブ供給しても、民間企業や個人がお金を借りて何かをしようと思うようにならなければ、経済は成長しないのだ。

私がもっとも尊敬している経済学者に野口悠紀雄氏がいる。野口氏は現在、一橋大学名誉教授・早稲田大学ファイナンス総合研究所顧問であるが、東大の工学部を出て大蔵省に入ったという経歴を持つ。元々理系の方であるからか、非常に数字に強く、極めて論理的に説明される。その野口氏は、異次元緩和がスタートした直後、『週刊新潮』二〇一三年四月一八日号誌上で次のように語っている。

「大事なのはお金を企業が借りたいと思うか否か。いくら国債の買い上げで日銀が銀行にお金を回しても、それが企業にまで行き届かなければ、景気は良くなりません。しかし、今の日本の企業に設備投資するマインドはなく、資金需要もない。結局、銀行にお金が留まってしまい、何も変わらない」。

まったくそのとおりである。貸し出しが伸びない今の状況は、そもそもアベノミクスが始まった時から分かり切っていたことなのだ。かくして、金融緩和によって（銀行レベルにまでは）マネーは供給されているが、実体経済において景気が良くなっているという実感は乏しく、貸し出しは伸びず、ただ単に日銀が買う国債がどんどん増えていくばかりなのである。そして、この日銀による尋常でない国債買いが、本章冒頭で述べた日本国が「お金を借りると利息がもらえる⁉」という異常事態を招いているのである。

日本銀行は破たんする！

本章冒頭のテーマに戻ろう。なぜ、日本国は利息をもらってお金を貸りられるようになったのか、であるが、最大の理由は日銀の追加緩和にある。日銀が二〇一四年一〇月末の追加金融緩和で「国債買い入れオペ」（日銀が金融機関から国債を買い上げて資金を供給する公開市場操作）増額を決定したことで、残存期間「一年超三年以下」の買い入れ額は月間で三兆三〇〇〇億円程度となり、財務省による二年物国債の毎月の発行額二兆七〇〇〇億円程度を上回った。つまり、日本国が二年ローンで借りたいと言っている額よりも、日銀がもっと貸しますよということだ。日銀が「お願いします。借りてください」。日本国が「じゃあ、借りてやろう。借りてやるから利息を払えよ」というわけだ。

そのあおりを食ったのは、民間金融機関だ。国債は金融機関同士が取引する際の担保となるため、損をしてでも一定量を確保したいという金融機関が多いという。だから、民間金融機関も利息を払ってまで日本国にお金を貸さざるを得なくなった（＝日本国債を買わざるを得なくなった）。また、民間金融機関には、最終的には日銀が買ってくれるから日銀に高値で転売するという思惑もあるようだ。

ここまで読んで来られた読者の方は、当然の疑問を持つことだろう。「そんなことをやっていて日銀は大丈夫なの？」と。その素朴な疑問は正しい。大丈夫ではない。私の長い友人に帝国データバンク情報部の調査マンがいる。帝国データバンクは言わずと知れた日本最大の信用調査会社である。「破産」にもっとも通じている会社と言ってもよい。彼は、数年前まで私が「国家破産」の話をしても「浅井さんは大げさだ」と笑っていた。ところが、日銀が追加緩和に踏み切った直後の二〇一四年一一月に、セミナー講師として弊社に来た時にはまるで別人のようになっていた。本棚に飾ってある私の書籍を眺めながら「いやあ、今まではまさかと思っていたけど、浅井さんの本に書いてあるようなことになるね」と言い出したのだ。私はその変化に驚き、「本音ベースで話を聞かせてくれないか」と聞いた。すると彼は、「日銀は破たんする」と断言したのだ。

彼は私に「日銀は破たんする」根拠を話してくれた。まず、日銀の金融政策には出口戦略がない。日銀の金融政策はただ国債を買うだけの片道切符であり、出口戦略（日銀による国債の市中への売却）が存在しない。すなわち、神風特攻隊と同じ状態であり、最後は玉砕（破たん）するほかない。これが第一の根拠だ。第二の根拠は、そのトンデモナイ規模の問題だ。近い将来、どんなに遅くとも二〇二〇年の東京オリンピックまでに、日銀のバランスシートはＧＤＰ（五〇〇兆円と仮定）を超える。これはあり得ないことであり、それまでに何かが起きると言うのだ。

そして、結論としては「日銀は破たんする」——これの意味するところはどのような事態なのであろうか？　帝国データバンクの最前線にいる調査マンの彼は言った。「日銀のバランスシート・資産の内容が劣化するにつれ、円の信認も低下、最後は紙キレになる……」。

ここで読者のために、彼の話に補足説明を加えておこう。日銀が国債を買う。買ったものは日銀の資産である。しかしこの資産、たとえば一〇年国債であっても、利回りは年〇・二五％程度でしかない（二〇一五年一月現在）。ほとんど儲からない資産なのだ（それどころか、本章で述べてきたように、利息を払わなくてはいけない損をする資産まである）。その上、この儲からない資産はさらに劣化する可能性が極めて高いのだ。なぜかというと、この低い金利状態が永遠に続くことは極めて考えにくいからである。第一、当の日銀自体が二％のインフレにすると言っている。それが本当なら、金利は確実に二％以上に上がる（そうでないと目減りする金融商品になってしまうから、誰も買わない）。もし、国債金利が〇・二五％から二％に上がったら、以前買って保有している〇・二五％の国債の価値はどうなるか。今は同じ信用度の日本国債で二％の金利が付くようになったのだから、〇・二五％の国債など誰も買ってくれない。買ってもらうためには、大幅にディスカウントしなければならない。大損である。

つまり、本当に日銀が望むような二%のインフレになれば、今、日銀がひたすら買いまくっている超低金利（あるいはマイナス金利）の国債の価値は暴落して大損するということなのだ。これが日銀のバランスシート・資産が劣化するという意味である。

大手都銀もゆうちょも、すでに国債売りに回っている

今、国債を買って持っていたら、儲からないばかりか大損する可能性が高い。これは日銀だけに限らない。国債を買うすべての主体に共通する話だ。では、銀行やゆうちょはどうしているのだろうか?

異次元緩和とは、大雑把に言えば日銀が市中銀行から国債を大量に買ってその代金を日銀当座預金に振り込むことだということはすでに述べた。ということは、異次元緩和以降、銀行が保有する国債は大きく減っているはずだ。

事実、そうなっている。異次元緩和の直前、二〇一二年三月末における都市

銀行の国債保有残高は一〇七兆九六〇〇億円。それが二〇一四年一〇月末には、七四兆一七六二億円まで減少している。三割以上も減らしているのだ。しかし、ここで注目しなければならないのは、都市銀行の国債保有のピークが異次元緩和直前の二〇一三年三月末ではなく、実はその一年前の二〇一二年三月末であることだ。二〇一二年三月末における都市銀行の国債保有残高は一一二兆六九一五億円。この時がピークだ。つまり、都市銀行は異次元緩和の一年前からすでに国債売りに転じていたのである。

それはなぜか。民間企業である都市銀行は儲けなくてはならないし、リスクには敏感にならざるを得ない。先に述べたように、国債を保有していても儲からない、それどころか暴落による損失リスクが高まってきた、そういう判断があるからこそ、民間銀行は国債売りに回るようになったのである。

実は、国債売りに回っている金融機関は都市銀行だけではない。最大の国債保有主体と言われてきたゆうちょ銀行。ゆうちょもすでに国債売りに回っているのだ。それも都市銀行よりも前からである。ゆうちょ銀行がもっとも多く国債を保有していたのは二〇〇九年。この頃は一六〇兆円を超えていたこともあった。それが、二〇一四年九月末では一一六兆円。異次元緩和のずっと前から、着実に国債保有残高を減らしてきているのである。

「日本の金融機関が安定的に保有する国債」というのが、すでに過去の話になっていることをご理解いただけたことと思う。今、国債をひたすら買いまくっているのはただ一人、日本銀行だけなのである。

日銀が救われるのは、日銀の目標が永遠に達成できない時だけ

追加緩和直後の二〇一四年一一月六日、ロイター・コラムニストのアンディ・ムケルジー氏は「ブラックホール化する日銀の国債購入」と題するコラムを寄せていた。ムケルジー氏は、まず日銀の国債保有状況について、次のように述べる。「日銀の国債保有額はすでに約二〇〇兆円に上り、公的債務残高の二四％に相当する」。さらに追加緩和により「このペースが続けば、二〇一八年

までには日銀が国債の半分を保有することになる可能性がある」。その上で、出口戦略は「非常に困難」であると指摘する。

なぜか。日銀が市場で国債売却するようになれば「ＧＤＰの三％に相当する国債を他の投資家が二〇年間買い続けなくてはならなくなる」からだ。そこでムケルジー氏はこのように考えることを提言する。「高齢化する日本社会には、大幅なインフレは訪れない」。つまり、日銀が目標とする二％のインフレは来ないということだ。そう考えれば「中央銀行は国債を売却する必要に迫られることもなく、日銀の金庫はブラックホールと化す。そこに飲み込まれた国債は二度と外には出ず、市場に残る国債は高価な軌道上にとどまることになる。正誤はともかく、投資家はそれに賭けている」。

ラストの部分、「投資家はそれに賭けている」とあるが、すでに述べたとおり、リスクに敏感な民間銀行はそんな賭けはしていない。そんな賭けに乗っているのは日銀だけだ。日銀は自らの二％インフレ目標を永遠に達成できず、したがっていつまでも金融緩和に出口は訪れず、日銀が一人で国債を買い支え続ける限り（国債価格を自ら高値にとどめるため）、救われるのである。何というパラドックスであろうか。

「公定歩合」はなくなった

ここまで、日銀の異常な金融緩和政策について説明してきた。日銀の異常さは、世界でも際立っている。ただ、実は欧米もマネーを刷り続ける異常な金融政策に踏み込んでいるのだ。

読者は「異常なんてテレビでも新聞でも言ってないけど、異常なの？……」と疑問と不安を感じたかもしれない。確かに「異常」という言葉は使われていない。しかし、日米欧で採られている昨今の金融緩和政策のことを、専門家も、そして当の日銀自身もこのように表現している。「非伝統的金融政策」と。「非伝統的」とは「今までやった試しがない」ということだ。これはどう考えても常態ではない。「非伝統的」と言うと聞こえはいいが、実のところは「異常」なのである。

多くの読者は、「公定歩合」という言葉を聞いたことがあることだろう。そして、「最近はあまり聞かないな……」と思われたのではないだろうか。聞かなくて当然である。日本では「公定歩合」はなくなったのだ。公定歩合とは、中央銀行が金融機関に対して貸し出しを行なう際に適用される金利のことを言う。公定歩合を上げれば銀行も企業や個人へ貸すお金の金利や預金金利を上げ、公定歩合を下げれば銀行も金利を下げるという具合であった。日本では一九九四年までこうして金融調節を行なっていたが、一九九四年の金融自由化により公定歩合と預金金利との直接的な連動性は失われた。さらに二〇〇六年、日銀は公定歩合という名称を「基準割引率および基準貸付利率」という名称に変更した。こうして、公定歩合は日本では姿を消したのだ。

欧米ではどうかと言えば、公定歩合はアメリカではまだかろうじて生き残っている。「まだかろうじて生き残っている」という表現通り、米国でもその意味合いは著しく低下している。今日、米国の「政策金利」（金融政策の誘導目標金利）は「フェデラル・ファンド金利」（ＦＦ金利）と呼ばれるもので、これは民間銀行同士で貸し借りする時の短期金融市場の金利のことである。ヨーロッパではどうかと言えば、欧州中央銀行（ＥＣＢ）の政策金利は、「リファイナンス金利」と呼ばれる市場介入金利で、公定歩合という言葉が出てくることはない。中央銀行が民間銀行に貸し出す金利の上下で金融政策を行なっていた時代は、過去のものとなったのである。

米量的緩和で大量に買ったのは住宅ローン担保証券

では、今日欧米で行なわれている金融政策とはどのようなものなのであろうか。ここで、昨今欧米で採られている尋常でない金融政策についても、簡単に解説しておこう。

まずは米国である。つい最近まで米国で採られていた金融緩和政策は、日本と同じく量的金融緩和政策（英語で Quantitative easing、通称ＱＥ）と呼ばれるものであった。簡単に言えば、ひたすらマネーを供給し続ける政策だ。従来の金融政策は、先に説明した公定歩合などを使って、金利を調整する方法で行なわれてきた。金利を下げると、企業は生産設備増を図り、銀行からの借入を増やした。企業が銀行からの借入を増やすと、取引に使われるお金が増えるので、世の中に出回るお金の量が増えていった。

しかし、先進国ではなかなか高い経済成長が見込めず、経済政策が手詰まりになっていく中で、金利がほぼゼロに近い状態にまで下がってしまい（そこまで下げても借りる企業・人がいない）、これ以上金利を下げることはできなくなってしまった。そこで異例の方法として、「金利」ではなく「資金供給量」に着目した政策が行なわれるようになったのだ。

米国では、二〇〇八年一一月から二〇一〇年六月まで実施された量的緩和政策第一弾を「ＱＥ１」、二〇一〇年一一月から二〇一一年六月まで実施された量的緩和政策第二段を「ＱＥ２」、そして二〇一二年九月に導入され二〇一四年一〇月に終了した第三段を「ＱＥ３」と呼ぶ。さて、この米国の量的金融緩和政策の特徴はどこにあるかと言うと、その購入資産である。先に述べたように、日本の場合、日銀が購入する資産は圧倒的に国債である。米国ではどうか。米国でも中央銀行であるＦＲＢ（連邦準備制度理事会）は、量的緩和によってかなりの量の米国債を買っている。ただ、日本と異なるのは、米国の量的緩和には購入資産にもう一つの柱があるということだ。それは、「住宅ローン担保証券」（ＭＢＳ）というものだ。

住宅ローン担保証券（ＭＢＳ）という名は、日本ではほとんど馴染みがないであろう。日本の住宅ローンの場合、銀行などの貸出金融機関が貸し出しから回収までを一貫して行なうケースが大半だ。だから、住宅ローンを担保にした証券化商品などというものを目にすることもない。それに対して米国では、貸付・回収・証券化・保証・投資を行なう主体が分離されている場合が多い。そこに生まれたのが住宅ローン担保証券（ＭＢＳ）だ。

こう書くと、さもアメリカの金融が進んでいるように聞こえるかもしれないが、一概にそうとは言えない。なぜなら、これこそがサブプライム住宅ローン危機を引き起こし、リーマン・ショック、世界金融危機をも引き起こしたからだ（注：サブプライム・ローンとは、サブプライム層〈プライム層＝優良客よりも下位の層〉向けのローン。通常の住宅ローンの審査には通らないような信用度の低い人向けのローンである）。

さて、米国の量的緩和第一弾であるＱＥ１は、このサブプライム・ローン問題から波及した金融危機に対応するために行なわれたものであった。そのためＦＲＢは、ＱＥ１で住宅ローン担保証券（ＭＢＳ）を一・二五兆ドル、日本円にして約一〇〇兆円も購入したのである。ＦＲＢはＱＥ３でもＭＢＳを買い増している。ＦＲＢのバーナンキ議長は、「量的緩和は住宅ローンなどの金利の引き下げ、住宅価格の引き上げに効果がある」と述べている。また、ノーベル経済学賞を受賞したジョセフ・Ｅ・スティグリッツ、コロンビア大学教授も、「量的緩和はあまり効果はないが、わずかでも効果を持ちうる点は、住宅ローンの金利を低下させることである。これは不動産価格を維持する助けになる」と述べている。そこを狙い撃ちしているのだからそれも当然であろう。

それにしても、米国という世界でダントツの経済大国の中央銀行が採っている金融政策の中心が、住宅ローン担保証券（ＭＢＳ）を買って住宅価格の維持・引き上げを図ることだというのだから、やはりこれはおかしい。異常と言うほかかないであろう。

ヨーロッパでもマイナス金利が発生

次はヨーロッパだ。二〇一四年六月五日、欧州中央銀行（ＥＣＢ）は理事会でユーロ圏一八ヵ国の政策金利を、現行の年〇・二五％から史上最低の〇・一五％に引き下げることを決めた。そして併せて、民間銀行がＥＣＢにお金を預ける際の金利も現行の〇％からマイナス〇・一〇％に引き下げ、「マイナス金利」に踏み込んだ（その後、九月四日にはマイナス〇・二〇％まで引き下げられた）。マイナス金利は、ユーロ圏に加わっていないスウェーデンやデンマークの中央銀行が通貨高を抑えるために導入した例があるが、主要中央銀行では初めてのこれまた異例な金融政策だ。

マイナス金利になると、民間銀行はＥＣＢに預金しておいたままだと金利を払わなくてはならず損をするので、お金を企業への貸し出しに回すだろう。そういう効果を期待しての政策だ。先に公定歩合など金利を上下することによる通常の金融政策の説明をしたが、もはや四％を三％に下げるなどというレベルではないのである。「民間銀行よ。ＥＣＢに置いておくと金利を払ってもらうぞ。損するんだぞ。だから、無理してでも貸し出せ」というわけだ。

ＥＣＢのドラギ総裁は二〇一四年八月七日の会見で、六月に発表した政策、なかでも「マイナス金利は効果的だった」と語った。しかし、九月に追加利下げを行なったということは、マイナス金利という尋常でない政策によっても思ったほどの効果が得られていないという証左ではないか。国際金融アナリストの小田切尚登氏は、「マイナス金利にすることで企業に資金が回るようにすることは、理論的には間違ってはいません。しかし、現実的な政策ではなかったといえます」と指摘する。マイナス金利までやってもダメなのである。

世界と比べても異常な日銀の金融政策

欧米における異常な金融政策について見てきたが、本章の最後を飾るトリはやはり日銀である。その異常さは欧米の追随を許さない。どこにその際立った異常さが見て取れるかと言うと、やはりバランスシートである。日銀が、劣化する可能性が高い国債という資産をひたすら買いまくっていることはすでに述べた。そして、日銀の狙い通り二%のインフレが達成されれば国債金利は必ず上がるから、そうなれば今日銀が買いまくっている大量の低金利国債の価値は暴落する。日銀資産は大きく毀損し、日銀券の価値も紙キレとなる……。

欧米ではそこまで愚かなことはやっていない。八五ページの図をご覧いただきたい。日米欧の中央銀行のＧＤＰ比での資産の推移を表したグラフだ。住宅ローン担保証券（ＭＢＳ）なるものを一〇〇兆円以上も買った米ＦＲＢの資産は、ＧＤＰ比で二〇%台の半ばだ。アメリカの量的緩和政策は終わったから、

日米欧の中央銀行の資産

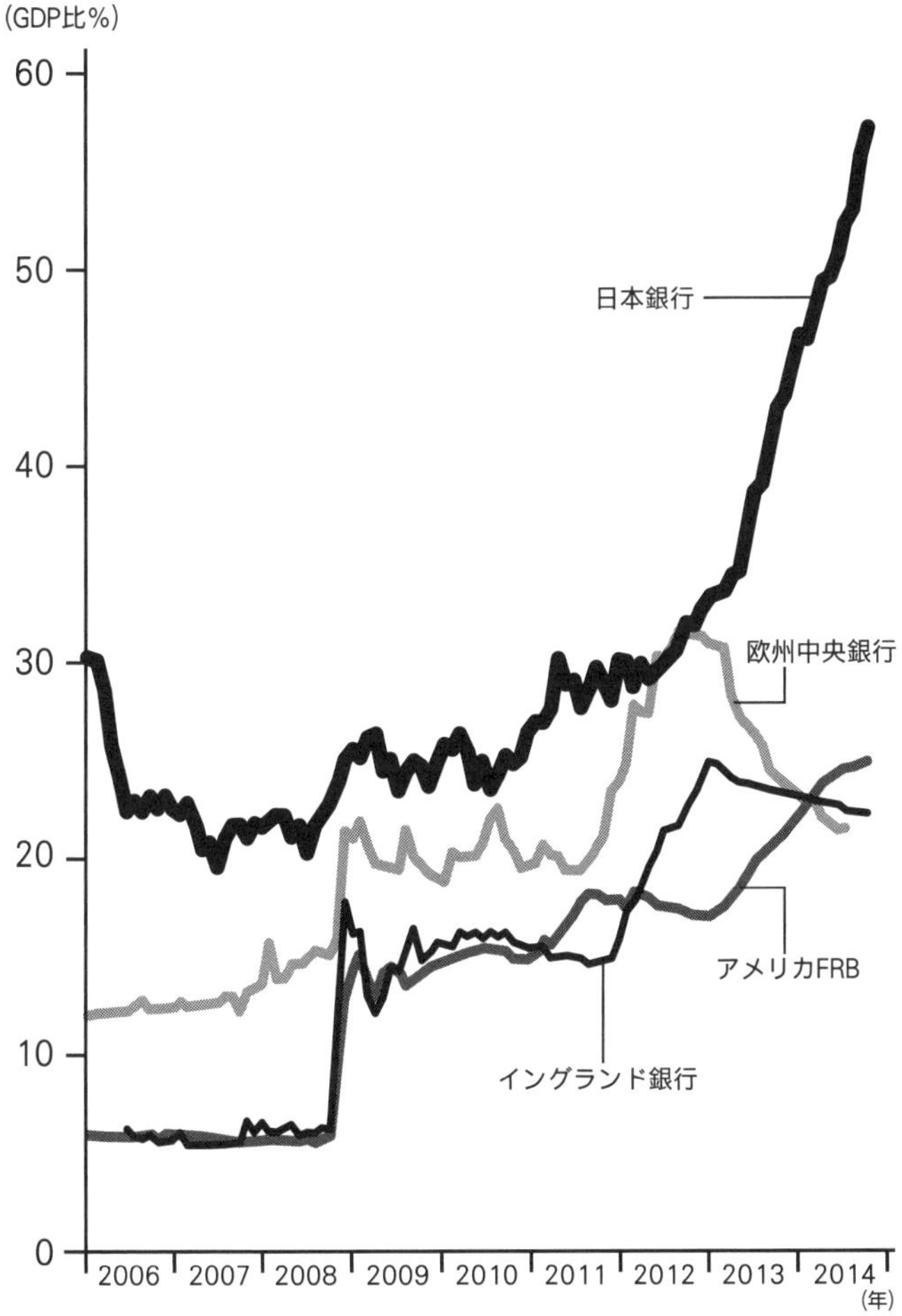

国際通貨研究所ＨＰのデータを基に作成

基本的にもう上昇はしない。民間銀行にマイナス金利を課した欧州中央銀行（ＥＣＢ）の資産は、欧州債務危機の緊張がピークに達した二〇一二年を頭に、それ以降は危機の鎮静化にともなってむしろ下がってきている。二〇一四年末現在では、二〇％台前半まで低下している。

欧米に共通するのは、サブプライム住宅ローン危機にしろ欧州債務危機にしろ、そういった特別な危機対応としての特別な金融政策であるという点だ。だから、のべつ幕なしに買い続けるというようなことはしない。出口が見えないままひたすら国債を買い続けるなどということをやっている中央銀行は、世界で日銀だけなのだ。

このまま行けば、どんなに遅くとも二〇二〇年の東京オリンピックまでには、日銀の資産は日本国のＧＤＰを超える。これはあり得ないことであり、それまでに何かが起きる——帝国データバンク情報部の調査マンの予言は、残念だが当たると考えざるを得ないだろう。

第四章

円崩壊を狙う海外勢
——いよいよ「一ドル=二〇〇円」時代がやってくる!!

日本経済がひた走る「一億総玉砕」への道

「皆、ドル／円は一二五円、一四〇円まで行くと考えている。私もだ。二年前に私はドル／円が最終的に二〇〇円に向かうと予想していた。いつかそうなる」（二〇一四年一一月二四日付米ＣＮＢＣ）。

およそ四九〇億ドル（五兆八〇〇〇億円）の運用資産規模を誇る米大手ヘッジファンド「ダブル・ライン・キャピタル」でＣＥＯ（最高経営責任者）を務めるジェフリー・ガンドラック氏は、かねてから「大いなる円安」を唱えてきた人物だ。現在のウォール街で〝新債券王〟の異名を持つガンドラック氏を知らぬ者などいない。「（ガンドラック氏は）これまで、株価の動きを度々予見したことで知られ、二〇一二年にはアップル株が四二五ドルに下落することを正確に予測していた」（二〇一四年二月一三日付英ロイター通信）。

記事が報じているように、二〇一二年四月当時五六〇ドル前後にあったアップル株について、ガンドラック氏は「四二五ドルに向かう」と逆張りの予想を披露。「投資家はアップル株に対してショート（売り）戦略をとるべきだ」と発言した。多くの市場関係者がこの発言を軽視したが、ほどなくしてアップル株は四〇〇ドルを割り込んでいる。

まさに〝当たり屋〟と呼ぶにふさわしいガンドラック氏は、日本円の下落についても的確に予期していた。アベノミクスが始動する以前の二〇一二年一〇月、ガンドラック氏は「政府（日銀）がどんどん積極的な資産購入へと追い込まれて自国通貨が下落しかねない国」として日本を名指し。「最終的には一ドル＝二〇〇円になる」と、中長期的な円安の到来を予告した。ご存知のように、ドル／円相場はこの直後に円安へと振れ始めている。

ガンドラック氏の対日投資戦略は実にシンプルだ。短中期は「円ショート／日本株ロング」（円売り／日本株買い）。そして、中長期的には「信用不安」に端を発した大いなる円安（円暴落）による収益増をもくろんでいる。

「アベノミクスは恐ろしい政策だ。経済政策というのは富の再分配であって、富の創造ではない。そうした経済の基本原則に、アベノミクスは真っ向から挑戦しようとしているのだ。日本は一〇〇〇兆円も国の借金があって、少子高齢化が急激に進んでいるというのに、移民を受け入れようともしない。私が日本の首相なら、もうお手上げだが、安倍首相はインフレ・キャンペーンを始めた。他の先進国なら、インフレ目標は中央銀行などが密かに行なうものだが、堂々と発表してしまうところがまた、日本独特だ。だがそうしたことで、果たして日本の持続的な経済成長が可能なのか?」(二〇一三年七月二〇日号週刊現代)。

もはや、完全に日本経済を見限っていると言ってよい。かねてより「日本は政策手段が尽きようとしている」(二〇一二年一二月三日付米ブルームバーグ)と指摘してきたガンドラック氏は、日本経済に残された選択肢がインフレしかないことを熟知している。

彼が指摘するように、政策手段の尽きた為政者が過度に金融政策への依存を深めるのは世の常だ。というより、いつの世であっても財政が疲弊している政府に残された手段はインフレ誘導くらいしかない。しかし、為政者が金融政策という「劇薬」に依存した国家には、往々にして高インフレという壊滅的な運命が待ち構えている。これは歴史の教訓だ。

　歴史を頼りに日本の破滅を予想する海外投資家は、何もガンドラック氏に限ったことではない。ガンドラック氏が中長期的な円安の到来を予告した二〇一二年一〇月、同氏に負けずとも劣らない賢明な米国人投資家が市場調査のため日本へ降り立っていた。それから三ヵ月後、この投資家はウォール街で絶大な注目を集めることになる。投資家の名はスコット・ベセント。ベセント氏はあのジョージ・ソロス氏率いる「ソロス・ファンド・マネジメント」で最高投資責任者（ＣＩＯ）を務めている。ガンドラック氏と同じく「（中長期的な）円安は避けられない」と考えていたベセント氏は、二〇一一年頃から円を売り持ちにする機会をうかがっていたという。その時期を見計らうための訪日であった。

　ベセント氏が目の当たりにした光景は、「日銀法改正」すら視野に入れ円安誘導をもくろむ次期（安倍）政権の姿である。円安の到来を確信して帰国したべセント氏は、早々に「円安」を見込んだ取引に着手。選挙情勢が判明していくにつれ、取引の量を増やしていった。言うまでもないが、この賭けは見事なまでに成功を収めている。二〇一三年二月中旬頃までにベセント氏が叩き出した含み益はおよそ一〇億ドル（一二〇〇億円）。さらには日本株の保有で二億ドル（二四〇億円）の利益を上げた。

余談だが、ソロス・ファンド・マネジメントの他にもデービット・アインホーン氏率いる「グリーンライト・キャピタル」、ダニエル・ローブ氏の「サード・ポイント」やカイル・バス氏の「ヘイマン・キャピタル・マネジメント」といった複数のマクロ系ヘッジファンドが、この期間の円下落に乗じて莫大な利益を上げている。

これらヘッジファンドの特徴は、将来的な「日本売り」を戦略としている点だ。すなわち、信用不安による円暴落を見据えている。だからこそ、彼らの円安予想には底がない。米ウォールストリート・ジャーナル（二〇一四年一一月一四日付）が「ソロス・ファンド・マネジメントが日本銀行の追加緩和決定以降に数億ドルの利益を上げた」と報じたように、彼らは常に円を売る機会を探っている。

アベノミクスが本格的に始動した二〇一三年以降、ソロス氏はことあるごとに「円崩壊」を警告してきた。そのソロス氏には、一九九二年の「ブラック・ウェンズデー」（英ポンド暴落）や一九九七年の「バーツ危機」（アジア通貨危機のきっかけとなったタイ・バーツ暴落）といった数々の暴落劇を主導してきたという実績がある。米著名投資コンサルタントのピーター・バーンスタイン氏は生前に、ソロス氏は「避けられない状況を捉えて動く」と評した。言い換えると、ソロス氏は円崩壊が避けられないと考えている。

「日本の未曾有の量的緩和政策はリスキーな実験だ。経済成長が加速すれば金利は上昇して、公的債務返済のコストは維持できない規模になる可能性があるからだ。しかし安倍首相は日本を緩やかに死に至らせるより、その実験のリスクを取ることを選択した。そして日本国民の熱烈な支持から判断すれば、普通の日本人も、そのリスクを取る覚悟はできているようだ」（二〇一四年一月六日付日本経済新聞)。

ソロス氏は「日本経済が最悪の(失敗することがほぼ確実の)賭けに打って出た」と考えている。しかも、「すべては日本国民が選択した結果」と辛らつだ。日本国民がインフレ政策のリスクをきちんと認識しているかどうかは定かではないが、我々が選挙を通してインフレ政策の推進にお墨付きを与えているのは事実。ソロス氏は、「日本国民こそが一億総玉砕を望んでいる」と考えているのだろう。

インフレ政策は、日本のような高債務国家にとっては極めて危険な賭けだ。というのも、インフレ目標が実現した際にインフレ率が暴走してしまうという潜在的なリスクを孕んでいる。日本政府は莫大な政府債務を抱えているため、インフレ目標が達成した際に債券価格の下落を意味する金利上昇を受け入れられない可能性が高い。インフレ目標が達成したあとも中央銀行が大規模な資産購入を続ければ、インフレ率は確実に暴走を始める。

日本国債は円建てであり、理論的には日銀が円を刷って無制限に日本国債を引き受けることが可能だ。もちろん、これには深刻な副作用がつきまとう。金利の上昇（債券の下落）は限定的となるかもしれないが、代わりに日本円に対して深刻な信用不安が生じる。一ドル＝二五〇円程度まで円が暴落する事態も決して否定できない。

「日本政府が公然とマネタイゼーションへの道を突き進む兆しがあれば円相場は極めて悪い反応を示すだろう」（二〇一四年一二月一六日付米ブルームバーグ）。英HSBCのストラテジストであるデービッド・ブルーム氏とポール・マイケル氏は、二〇一三年以降に実施された日銀の積極的な金融緩和に対する不安を隠さない。安倍首相が日銀に一段の行動を迫れば「円相場の下落が秩序を失った急速なものになるというシナリオは、絵空事ではなくなる」と警告する。マクロ系ヘッジファンドが狙っているシナリオは、このような信用不安に起因した「大いなる円安」だ。冒頭で紹介したジェフリー・ガンドラック氏は日銀の異次元緩和が始まる前に、「私は一ドル＝二〇〇円になると思っています。人はこれを極論だと言いますが、世界経済の歴史を振り返れば同じようなことはいくつも起こっています」（二〇一三年三月一六日付週刊現代）と述べている。

私が思うに、安倍政権が誕生した瞬間に日本の運命は決定づけられた。世界初のニュース雑誌として知られる米タイム誌（電子版）は、二〇一二年の政権交代時に「安倍政権が債務危機を起こすか？」と題した論説記事を掲載、「安倍首相は日本をどこに導くのか？　他のほとんどの国と同じように債務危機だろう」と結論付けている。記事は、「アベノミクスは目新しい経済政策などではなく、過去二〇年の経済停滞から脱却できないと証明した政策」だと酷評したうえで、「政府が日銀をATMとして使い、現金で経済を活性化させようとするもの」と指摘。さらに、こう断じている――「中央銀行の独立性と財政を脅かしながら、安倍首相は日本経済の信頼をズタズタに切り裂くかもしれない」。

インフレで債務を帳消しにするとは？

「デフォルトを避けようとすれば、理論的にも歴史的にも、公的債務の圧縮は財政調整かマネタイゼーションによるインフレ・タックスの二つの選択肢しかない」（二〇一四年一一月二〇日付英ロイター通信）。金融政策におけるタカ派の論客として知られ、BNPパリバ証券でチーフエコノミストを務める河野龍太郎氏は「日本経済が金融抑圧の道へと突き進んでいる」ことへの警戒心を隠さない。近年、この金融抑圧というあまり聞き慣れない言葉が市場関係者の間で流行している。

多くの人は、高債務国家が財政危機を回避するための選択肢としては「財政再建」か「債務再編」（デフォルトもしくは償還の繰り延べ）を想像するはずだ。ところが、高債務国家が財政危機を避けるためには「金融抑圧」という手段もある。

金融抑圧とは、第二次世界大戦後の英国政府が著しく膨れ上がった公的債務を圧縮するために採用した手段だ。簡単に言うと、「投資家が好ましくない金利、つまり現行のインフレの水準を下回る金利で債券を購入せざるを得ないと感じる状況を政府が作り出し、国の債務を減らす助けをする」（二〇一二年五月一一日付英フィナンシャル・タイムズ）ことを指す。

たとえば、名目金利が二％でインフレ率が一〇％の時の実質金利は、マイナス八％だ。すなわち、このような条件で国債を買った投資家はマイナスの金利分を政府に支払うことになる。このように民間経済が長期間にわたる大幅なマイナス金利を甘受できれば、政府債務の劇的な圧縮が可能だ。

第二次世界大戦の戦費調達によって政府債務が国内総生産（ＧＤＰ）の二倍以上にまで膨れ上がった英国政府は、一九四五年からおよそ三〇年間も金融抑圧を実施して「インフレによる債務の帳消し」を成功させている。金融抑圧は消費税などとは違って国民のコンセンサスを必要としない。そのため、「インフレ・タックス」（インフレ税）などとも呼ばれている。当然、インフレ税は債務を抱える政府には有利に働く。しかし、国民の生活はとてつもなく困窮する。

実際、英国では三〇年間にわたり金融抑圧が実施された結果、国民経済は「英国病」と言われる長期停滞に陥った。『国家は破綻する』の著者であるカーメン・Ｍ・ラインハート米ハーバード大学教授の研究によると、一九四五年からの三五年間で英国政府が民間に課したインフレ税（実質マイナス金利による税）の年間平均は対ＧＤＰ比で三・六％という規模に達している。これを現在の日本経済に当てはめると、どうなるか？　国民の資産に対して年間平均で一五兆～二〇兆円にもおよぶ税が、三五年間にわたって課され続けることとなる。または、毎年七％から一〇％の消費税増税が追加で実施されるようなものだ。まさに過酷極まる重税と言ってよい。

問題なのは、我々日本人がこのインフレ税を他人事だと一笑に付すことはできないということだ。多くの人は気付いていないが、日本経済も着実に金融抑圧の方向へと舵を切っている。

日本が選択を迫られる三本の茨《いばら》の道

もはや説明するまでもないが、日本の政府債務は平時において対ＧＤＰ比の二倍以上の規模を積み上げており、このまま放置すれば財政危機の勃発は避けられない。すなわち、どこかの時点で「デフォルト」（債務再編）、「財政再建」（歳入増／歳出減）、もしくは「金融抑圧」（インフレ税）のいずれかの選択を強いられる。もし、あなたが為政者であればどの手段を選択するか？

まず、最初の選択肢である「デフォルト」だが、敢えて混乱を来すハードランディングを選択する人はそういない。二番目の「財政再建」も国民からの激しい反発が予想される。長期政権を築くことができなければ確固たる財政再建（歳入増／歳出減）の実行は不可能だ。やろうとしても、現実的に選挙で落ちる可能性があり完遂させるのは極めて難しい。となると、必然的に三番目の「金融抑圧」となる。前述したように、金融抑圧は国民のコンセンサスを必要としない。高債務国家の為政者が公的債務を圧縮する手段として金融抑圧を選択することは容易に想像がつく。

前出のラインハート氏によると、第一次世界大戦後は多くの国がデフォルトによって公的債務を圧縮させた。ところが、第二次世界大戦後は英国だけでなく他の多くの国が金融抑圧によって公的債務の圧縮を成功させている。たとえ

財政危機を免れるためには

1. デフォルト（債務再編）

2. 財政再建（歳入増、歳出減）

3. 金融抑圧（インフレ税）

おそらく日本は「金融抑圧」の道を選ぶことだろう。

ば、米国、オーストラリア、ベルギー、イタリア、スウェーデンなどで高率のインフレが数十年間にわたって続いた。

とはいえ、高債務国家が金融抑圧を国民に課すにはいくつかのハードルがある。一つ目のハードルはインフレを用意できるかどうかだ。しかも、巨額の政府債務を目減りさせるには年率四~五%のインフレを数十年間にわたって維持しなければならない。これが一つ目のハードルだ。

二つ目は、実質マイナス金利を作り出すために金利を人為的に低くする必要がある。現在は市場が金利を決定するが、金融抑制を実施した第二次世界大戦の復興過程ではブレトンウッズ体制の下で金利は統制されていた。そのため、金融が自由化している現代では、金融抑圧は難しいという意見もある。しかし、日本や米国のように発行する国債が自国通貨建てであれば、中央銀行がお金を刷って国債を引き受けることで低金利への誘導は可能だ。これは、現に日米欧で起きている。

三つ目のハードルは、民間経済がインフレ税を受け入れるかどうかだ。金融が統制されていた時代と違い、現代は基本的に資金の移動などを自由にできる。そのため、民間経済に大幅なマイナス金利を課すと、資本流出が起こる可能性も否定できない。たとえば、米国経済に金利が復活する一方で日本の実質金利が大幅なマイナス圏に突入すれば、資金は否応なく米国に流入する。最悪の場合、深刻なキャピタル・フライト（日本からの資本逃避）に発展するかもしれない。

率直に言って、日本経済がこれらのハードルをクリアすることはとても困難だ。とは言っても、金融抑圧に代わる選択肢は日本経済に残されていない。選択肢が残されていない以上、日本政府はマネタイゼーション（日本円の信認毀損）を容認してでも円安・低金利・インフレという状況を追求していくはずだ。そもそも、アベノミクスとはそういった政策である。日本政府が国民にインフレ・タックス（金融抑圧）を課そうしていることに疑いの余地はない。

大平正芳元首相は蔵相時代の一九七五年に、こんな戒めの弁を語っている。「増税も歳出削減もできない中、財政赤字をなくすために為政者が陥りやすい安易な方法はインフレ。インフレにすれば最大の借金を持つ国が最大の恩恵を受けるので誘惑に駆られやすい。ただ年金生活者や低所得者は困窮してしまう」。

為政者がインフレを望む以上、我々は自己防衛（円売り外貨買い）を図る以外に助かる方法はない。

ＧＤＰの二倍を超える債務を唯一返済した国・英国

「歴史上、ＧＤＰの二倍を超える政府債務を返済したのはイギリスだけである」（二〇一四年一一月一九日付米ニューズウィーク日本版）。

前項でもお伝えしたように、第二次世界大戦後の英国は、対ＧＤＰ比でおよそ二・五倍にまで膨れ上がった政府債務を三〇年という月日を費やして圧縮した。しかし、この間の一時期、英国民は我々の想像を絶する猛烈なインフレに襲われている。ピーク時（一九七五年）にはインフレ率（年率）が二五％に達し、その翌年には英国政府がＩＭＦ（国際通貨基金）に支援を要請したほどだ。

第二次世界大戦後、日本国内では「戦勝国は豊か」というイメージが強かった。ところが莫大な債務を抱えた英国に関しては、敗戦国である日本並みに困窮していたことがわかっている。

二〇一三年三月七日付の英ニュースダイジェストは「GDP比二五〇%の政府債務を二度も返した英国」と題した記事を掲載。その中で「第二次大戦後の英国の財政再建がどれほど苦しかったか」ということについて英国在住の日本人に取材している。一九五六年に英国へ移住した森嶋さん（八三）は、当時の英国の貧しさは敗戦国の日本と「同じくらい」だったと指摘。「使い古しのカーテンで衣服を作り、英国人の大学教授夫人もいつも同じオーバーコートを着て、擦り切れたハンドバックを持ち歩いていた。セントラル・ヒーティングはなく、野菜はまだ日本の方が豊富だった」と当時を回想している。

そして、一九六〇年以降の英国経済はいわゆる「英国病」と呼ばれた状態に突入する。当時の英国は、欧州の他の国々から「ヨーロッパの病人」とまで揶揄された。一九八〇年代頃までは、日本国内でも「イギリスのようになったら終わりだ」という言葉をたびたび聞いたものである。

同じく対GDP比で二五〇％以上の政府債務を抱える現在の日本も、英国と同じく何らかの方法で公的債務の圧縮を図らなければならない。借金を永遠に続けることは不可能であり、放置すれば最終的にデフォルトかハイパーインフレといったハードランディングに行き着く。ハードランディングを回避するには、財政再建か金融抑圧によって債務を圧縮する他ない。痛みをともなう財政再建は国民からの人気が低いため、日本政府は国民のコンセンサスを必要としない金融抑圧という手段を選択するはずだ。

金融抑圧による債務圧縮に成功した英国（英国政府は第二次世界大戦からおよそ六〇年が過ぎた二〇〇六年に大戦中の債務を完済した）では、政治家や国民の財政に対する意識が高い。前出の森嶋さんは、「英国の政治家には哲学がある。有権者も国民医療制度（NHS）を守るためなら、増税もやむなしと考えている」と指摘する一方、「それに比べ、日本の国民意識はまだ成熟していない」と話す。

また、リーマン・ショック以降はケインズ的な政策（政府の積極財政で需要を創出させる政策）が世界中で支持されるが、英国のオズボーン財務相は違う。ケインズ的な政策を真っ向から批判、「政府債務の問題に取り組まなければ金利は上昇し、住宅の差し押さえや倒産が起きる。疑うのなら、深刻な不況に苦しむ欧州の国々を見るがいい」と財政再建の必要性を訴え続けている。

日本に残された道

近年は日本国内においては「一時的な財政赤字を容認してでも経済成長を計れ」という風潮が強い。日銀の金融緩和（国債の買い占め）によって金利が低位安定していることが最大の原因と言える。無論、このままで良いわけがない。ただでさえ日本は高齢化の進展による慢性的な歳出増にさらされている。このまま日本政府が借金を続けることは不可能だ。どこかの時点で、必ず手痛いしっぺ返しを食らう。

率直に言って、日本には戦後の英国と同じように金融抑圧という手段しか残されてない。しかも、第二次世界大戦後の英国の政府債務がとてつもなく膨らんでいたのは戦費のためであり、戦争が終われば借金の膨張は止まった。しかし、今の日本の政府債務膨張は少子高齢化にともなう社会保障費増によるものだから、債務の膨張は止めようがない。戦後の英国より事態ははるかに深刻だ。問題は、現代の日本で、どうやってインフレを創出するかだ。人口減少という慢性的なデフレトレンドが定着している日本でインフレを創出することは容易ではない。

現在の日本でインフレを創出する唯一の方法は、通貨の切り下げ（円安誘導）だ。あれこれ言われているが、アベノミクスという経済政策の核心は「円安（通貨の信認毀損）によるインフレ創出」でしかない。株や不動産といった資産価格が高騰しているのは、その副作用だ。

円安によってインフレを作り出すことができれば、自国通貨建ての日本国債を日銀が買い占めて（金利を低下させて）実質金利をマイナス圏に誘導することが可能となる。すでに短期国債の多くで利回りはマイナス圏だ。

政府・日銀が円安を望んでいる（自ら通貨を切り下げている）以上、今後は我々が想定している水準よりもさらに円安が進んで行く可能性が非常に高い。

一方、貿易量比率やインフレ率を加味して通貨の総合的な強弱を示す円の「実質実効為替レート」で見ると日本円はすでに歴史的な安値水準に達しているため、「さらなる円安は考えづらい」という指摘があるのも事実。とはいえ、名目ベースでの下落があり得ないということではない。日本のインフレ率が上昇すれば名目ベースの円相場は下落する。しかも、名目ベースでの下落は実質ベースと違って「底なし」だ。

近年の日本は米国同様に消費財の多くを輸入に頼っており、通貨安がインフレ率の上昇に結び付きやすい。インフレ率の上昇は日米の実質金利差を拡大させるため、純然な円安要因だ。また、かつては通貨安が貿易黒字をもたらしたが、現在では通貨安が貿易赤字を膨張させる構図となっている。リーマン・ショック以降に加速した産業空洞化によって、日本の貿易構造が大きく変化しためだ。

シティグループ証券の村嶋帰一チーフエコノミストによると、二〇〇〇年時点では一〇％の円安によって貿易収支は一・六兆円ほど改善したが、アベノミクスが開始した二〇一三年は一〇％の円安によって貿易収支が一・五兆円ほど悪化している。つまり、日本経済が「円安→インフレ率上昇／貿易赤字拡大→円安→インフレ率上昇／貿易赤字拡大→円安」というスパイラルに突入する可能性は十分に考えられる。

インフレの高進は国民からすると苦難でしかないが、政府からすれば莫大な債務が目減りしていくため好都合だ。ところが、政府が想定している以上にインフレが高進してしまうリスクも存在する。

前述したが、第二次世界大戦後の英国ではブレトンウッズ体制の下で為替や金利は固定されていた。しかし、現代では金融の自由化が当時と比べ格段に進んでいる。戦後のような持ち出し制限もない。すなわち、円安・インフレが進行していく過程で日本人がインフレ税を拒否しようと思えば、円を外貨に換えればよいのだ。仮に、大多数の日本人がキャピタル・フライトを選択すれば、円安とインフレは制御不能となる。

英国が財政再建の過程（金融抑圧を実施した一九四五年〜一九八〇年）で経験したもっとも高いインフレ率（年率）は一九七五年に記録した二五％だが、資本の移動が自由である現代の日本では通貨安によってインフレが英国の時よりも高進する可能性が極めて高い。もちろん、このような状況になればＩＭＦが日本に資本規制を課すだろう。平時からすると「先進国の日本で資本規制など起きるものか」と思うかもしれないが、ドイツの社会学者・経済学者のマックス・ウェーバーが言うように、国家とは一種の暴力装置だ。切羽詰まれば豹変する。

戦後の英国は、対ＧＤＰ比で二五〇％以上という莫大な政府債務を圧縮するのに三〇年以上もの月日を費やした。日本の場合も英国と同程度の期間を要するに違いない。冗談ではなく、我々は長期的かつ過酷なインフレを覚悟しておく必要がある。

「英国の例を見るまでもなく、金融抑圧を通じた公的債務の圧縮には相当の長い年月を要する。特に日本の場合、他国に比べて大きな公的債務を抱えているため、マイナスの実質金利を必要とする期間は相当に長くなる。その間に、想定外のインフレショックが加わることになれば、大幅なマイナスの実質金利が嫌気して資金流出が進み、円安とインフレ加速のスパイラルに陥る可能性がある」（二〇一三年一二月一六日付英ロイター通信）。前出の河野龍太郎氏は、日本ではすでに金融抑圧がスタートしているため「高率のインフレに日本経済が陥るリスクを常に抱えている」と警告する。

一八世紀のフランスの蔵相、アベー・テレは「政府は少なくとも一〇〇年に一度は、財政均衡を回復するためにデフォルトを起こさなければならない」という有名な言葉を残したが、日本政府もついに清算の時を迎えたようだ。しかし、日本政府が採用したのはデフォルトや財政再建という手段ではない。インフレによる債務の帳消しである。このような状況下、円が一ドル＝二〇〇円を付けるのはもはや時間の問題と言ってよい。
今、円安（インフレ）ヘッジせずにいつするのか？　投資家は自問自答した方が良い。

スエズ危機の教訓

「二〇〇〇年もすれば、あの時、我々がどう感じたかを米国も思い知ることになるだろう」。一九五七年に英国の首相に就任したハロルド・マクミランは、このような米国への恨み節を残している。それもそのはず、ハロルド・マクミランが首相に就任する前年（一九五六年）に英国は「最後の、屈辱的な局面」を味わったからだ。この年に英国は、経済規模だけでなく政治的影響力という観点でも米国に覇権を奪われたのである。

きっかけは、スエズ危機（第二次中東戦争）にある。この当時の英国は金融抑圧による公的債務圧縮の真っ只中であり、経済は著しく疲弊していた。そうした中、英国の保護国であるエジプトがスエズ運河の国有化を強行。スエズ運河は英国にとって戦略上の要地であったため、利害が一致したフランスやイスラエルと共にエジプトへの侵攻を開始。ところが、外国為替市場で投機筋によるポンドへの攻撃を受け、ただでさえ疲弊していた英国経済は窮地に陥った。イングランド銀行（中央銀行）が外貨準備を取り崩して通貨防衛に当たったが、ポンドの切り下げを回避するために最低限必要な二〇億ドルを割り込む水準にまで準備が減少してしまう。

そこで、英国は当時まだ創設したばかりのＩＭＦ（国際通貨基金）へ支援を求めた。ところが、米国政府の意向を受けたＩＭＦはこの要請を拒否。米国のドワイト・アイゼンハワー大統領は「軍を即時全面撤退させなければ国際融資を阻止する」と脅迫。これに屈した英国は兵を撤退させ、支援を取り付けている。英仏軍が撤退した瞬間、米国が欧州に対して圧倒的に優位であるということが世界に示された。英国の覇権は潰《つい》えたのである。英フィナンシャル・タイムズは、現代史の転換点となったスエズ危機を「大英帝国の落日の象徴」であったと統括した。

この覇権の移行を促したスエズ危機から得られる教訓は非常に多い。もっとも重要な教訓は、英国がインフレによる公的債務の圧縮という荒療治を実行している最中に、政治的地位を喪失したという事実だ。これはスエズ危機に限ったことではないが、歴史上、多くの地域大国を含む覇権国が財政危機（政府財政の疲弊）によってその座を追われている。

そうした歴史を熟知している米国政府は、財政健全化に対する意識が高い。世界銀行の総裁を務めた経験を持ち、ＦＲＢ議長への就任も取り沙汰されたことがあるローレンス・サマーズ米元財務長官は、二〇一〇年の国家経済会議（ＮＥＣ＝安全保障、社会保障なども含めた総合的な立場から経済政策の立案、調整および大統領への助言を行なう米国政府の行政機関）の場で、次に経済覇権国となるであろう中国の脅威を押し返すには「国内財政をキレイにすること」が一番の対処法だと指摘している。

サマーズ氏が指摘するように、いくら大国と言えども財政が原因で失敗国家に転落すれば、対外的な政治的地位の喪失は計り知れないレベルにおよぶはずだ。現に、第二次世界大戦で戦勝国となった英国でさえも財政が原因で失敗国家の道を歩み、最終的には覇権の座を追われている。

ひるがえって日本は、第二次世界大戦で敗戦国となったが見事な経済復興を遂げ、アジアの地域大国にまで登り詰めた。中国の台頭が著しい現在においても、日本の地域大国としての地位は揺らいでいない。しかし、英国の歴史を参考にすると、日本が財政問題によって失敗国家に転落すれば地域大国としての地位は確実に揺らぐ。日本人にとって長らく「アジアで一番」という認識が当たり前となっていたが、近い将来、英国が受けたような屈辱を味わう可能性は決して否定できない。

国力回復のためには経済の立て直しが最優先

一国の影響力を推し量るうえでもっとも重要な指標は、あくまでも軍事力や経済力といった「ハード・パワー」である。一方で、近年はハード・パワーでなく「ソフト・パワー」（＝国家が軍事力や経済力などの対外的な強制力によらず、その国の有する文化や政治的価値観、政策の魅力などに対する支持や理解、共感を得ることにより、国際社会からの信頼や、発言力を獲得し得る力）こそが重要といった主張も少なくない。

確かに、今日のようなグローバル社会で地位を築くためにはソフト・パワーの強化も大切だ。しかも、この分野で日本は優位に立っている。とはいえ、世界中でグローバル化が進んだとは言ってもハード・パワーの重要性が薄れたわけではない。世界一のハード・パワーを有する米国が外交（対外関与政策）の面で非難を受けることはよくある。しかし、米国の強さはどこの国も認めるところであり、一国のみで米国に対抗できる国家はまだ一つもない。

日本が世界中から愛されていることは間違いないが、その最大の理由はソフト・パワーにあるのではなく、長らく堅持してきた「世界第二位の経済大国」という地位にある。だからこそ、安倍首相の言う「世界における日本の地位を取り戻すには、経済を立て直すことが最優先」という認識は正しい。

ただし、その手段が問題だ。通貨の切り下げと財政ファイナンスに依存した政策で、日本の経済が再生することはあり得ない。すでに述べたように、アベノミクスは円安（インフレ）が過度に進行してしまうというリスクを抱えている。というより、この政策の核心はインフレによる債務の目減りでしかない。

ＩＭＦによると、日本の米ドル建てＧＤＰは二〇一三年に前年比でおよそ一七％も縮小した。二〇一四年も二・四％低下する見込みで、アベノミクスが開始してからの二年間でメキシコの経済規模に相当する一兆二〇〇〇億ドルが減少することになる。当然ながら、米ドル建てのＧＤＰが減少した理由は急速に進行した円安だ。

「スーパードル」（最強のドル）の時代が到来することは不可避であり、日本の購買力は確実に減少の一途を辿る。「日本売りの急先鋒」として知られる米ヘイマン・キャピタル・マネジメントのカイル・バス代表はかつて、「今、一番大きなバブルは日本円の購買力」と言ってのけた。そして、一ドル＝三五〇円になって日本の債務が帳消しになれば「私は日本買いに転じる」と指摘している。

英国の時と同様、日本経済は金融抑圧を実行している段階で幾度とない通貨危機に直面するはずだ。日銀はインフレ政策と矛盾する金利の引き上げやドル買いによる通貨防衛を簡単に選択できない。投機筋の円売りに無防備な状態が長期にわたって出現するため、日本円は投機筋の格好の標的となろう。

第二次世界大戦後の英国よりもはるかにひどい事態が起きる

「実体経済の持続的な回復が少しもないまま、デフレからハイパーインフレになる」。英金融大手ＨＳＢＣは二〇一四年末に発行したレポートにおいて、二〇一五年の10大リスクの一つとして「日本が一段と極端な金融緩和に踏み切り、急激なインフレ加速を招く危険性」を挙げた。ＨＳＢＣのストラテジストであるデービッド・ブルーム氏とポール・マイケル氏は「日本政府がマネタイゼーションへの道を突き進む兆しがあれば、円相場は極めて悪い反応を示すだろう」

と警告する。

「円を持ちたくない」と大多数の人間が感じた瞬間、日本は失敗国家に転落するだろう。おそらく、アジアの地域大国としての座も中国やシンガポールに追われるはずだ。多くの日本人はまだ危機意識が低いが、戦後の英国が体験したことをはるかに超える事態がこのままでは日本でも起こる。それほど、悪化し続ける財政を国民と政治家が放置してきたツケは重い。

「世界最大の財政赤字国である日本で、新規に発行される国債のすべてを中央銀行が買い上げるという新事態には懸念がある。日銀がQEによって発行済み日本国債の半分を保有するようになる二〇一八年までに、抱えている問題を解決できない場合、日本は失敗国家に転落する恐れがある」（二〇一四年一〇月三一日付米ブルームバーグ）。日銀が追加緩和を決定した日、米ブルームバーグ・ニュースは日本に対する衝撃的な論説を掲載した。米メディアが仮にも同盟国の日本に失敗国家というレッテルを貼ろうとしているくらい、日本経済に対する彼らの懸念は強い。

しかし、日本経済に残された道は通貨切り下げによるインフレ（金融抑圧＝インフレ税）だけなのだ。一ドル＝二〇〇円の時代がやって来る日は近い。

サラバ、ニッポン！　「バンザイノミクス」で日本壊滅へ

「ハロウィンに日本が自殺した」（二〇一四年一一月一日付米ゼロヘッジ）。日銀がバズーカ第二弾（追加緩和）を市場に放った翌日、米金融情報サイト「ゼロヘッジ」は、日銀の質的・量的緩和（ＱＱＥ）拡大を「末期の病人に打たれる（鎮痛効果だけで治療にならない）モルヒネだ」と酷評する論説記事を掲載。アベノミクスは正当な経済政策ではなく、「Banzainomics」（バンザイノミクス＝最後は玉砕するという意）とこき下ろした。

ゼロヘッジだけではない。事実、かなりの数の海外投資家は日銀の金融緩和が「片道切符」（米国にババを掴まされた）と認識している。現在は政府・日銀のＰＫＯ（Price Keeping Operation：株価維持政策）に便乗しているが「最後

はバンザイとなる」と、賞味期限を慎重に見極めながら短期売買を繰り返しているヘッジファンドは非常に多い。

「増税延期により政府が財政再建への姿勢を後退させたことで、日本は『明確なマネタイゼーション（財政の穴埋め）を行なっている国となった』との受け止めが、一部の海外市場関係者の間で広がり始めた。通貨の信認を毀損させ国債の暴落につながりかねない自滅的な政策パッケージとして『バンザイノミクス』との造語も生まれている」（二〇一四年一一月一八日付英ロイター通信）。

国債発行額のほぼ全額を日銀が買い上げているという現状は、もはや事実上の「財政ファイナンス」でしかない。

しかし、政府・日銀からすればそんな懸念などどこ吹く風だ。「二％のインフレ目標」に忠誠を誓った日銀はもはや〝壊れた輪転機〟でしかなく、彼らはインフレ率が達成されるまで国債を中心にありとあらゆる資産を買い続ける。

歴史を振り返ると、多くの為政者が財政ファイナンスを繰り返してきた。とりわけ、財政ファイナンスを採用する国家は日本のような「対内債務国」に多い。対内債務国は、国外に債券自警団（財政が危ないと思えば国債を売って政府に警鐘を鳴らす投資家）がいないため財政ファイナンスの実行が対外債務国と比べて容易だ。

一方、財政ファイナンスが短期的な景気浮揚化を発揮してきたことは歴史的に確認できる。そのため、リフレ派の間ではデフレ脱却（＝インフレ誘導）の手段として財政ファイナンスを容認する声も少なくない。彼らの多くは、「いくら金融緩和を続けても、インフレ率は暴走しない」（すなわちインフレはコントロールできる）と金融政策の能力を過大評価している。

しかし、為政者が財政ファイナンスをどこかの時点でやめることは容易ではない。多くの場合、財政ファイナンスが長期にわたり実行されてしまい最終的には高インフレが誘発されてきた。

「最大の懸念は、事実上のマネタイゼーションから抜け出せなくなり、物価が上がって二％で止められなくなるリスクだ」（二〇一四年一二月一日付米ブルームバーグ）。元日銀審査委員で現在はキヤノングローバル戦略研究所の特別顧問を務める須田美矢子氏は、自身の経験則から現在の日銀が「非常に危ない橋」を渡っていると指摘。最終的には日銀が物価をコントロールできなくなる事態を示唆した。

欧米メディアが「カミカゼ」と書き立てた日銀の追加緩和は、一時的に日本経済をバブル状態へと導く。ただし、それはインフレ率が低位安定している間だけだ。実際にインフレ率が二％に接近すれば、日銀は究極のジレンマ（インフレを固定しようと金利を引き上げたくとも、膨大な政府債務の観点から金利を引き上げられない事態）に陥る。そして、日本は通貨危機に直面するだろう。

二〇一四年九月末時点で、日銀のバランスシートは一連の異次元緩和によって対GDP比で五七％にまで膨らんだ。これに対して米連邦準備制度理事会（FRB）は二五・三％、欧州中央銀行（ECB）は二〇・二％という水準である。日銀がいかに思い切った金融緩和を実施しているかがわかるだろう。

ECBはともかく、FRBのバランスシートが拡大していくことは現時点では考えられない。ところが、日銀のバランスシートは今後も劇的な速度で膨張していく。二〇一七年から二〇一八年頃には、日銀の保有する日本国債だけで対ＧＤＰ比で七〇％以上に膨らむ見通しだ。これは日露戦争時や太平洋戦争時の水準を上回る。当時は戦費調達のために日銀の国債引き受けが横行したが、日露戦争当時（一九〇五年時点）の日銀のバランスシートに占める国債の割合（対ＧＤＰ比）は二六・四％に過ぎなかった。太平洋戦争（一九四四年時点）ですら、その割合は三三・五％に過ぎない。

現在の日本は、平時にも関わらず先の大戦時よりも多くの債務を政府が抱え、中央銀行のバランスシートもその当時よりも膨らんでいる。出口戦略が相当に困難なものになることは想像に難くない。政府・日銀が円滑な出口戦略を実現することはまず不可能であり、インフレ・スパイラルという大きな代償をともなう。欧米メディアがバンザイと揶揄するのも無理もない。

玉砕は目前だ。日本経済はバンザイノミクスによって壊滅するだろう。その時、円も崩壊する。サラバ、ニッポン。サラバ、エン。

第五章
一ドル＝二〇〇円になったら生活はどうなるのか

海外旅行に行けなくなる

一ドルが二〇〇円になったらどうなるのか。実は、一ドル＝二〇〇円という為替を現在四〇歳以上の人なら日常生活でかつて体験している。今よりずっと海外旅行や海外製品が〝高級品〟であった時代だ。

だから、私たちにとって一番分かりやすい例が海外旅行だろう。一ドル＝二〇〇円になれば、海外へ行く際の交通費、現地での宿泊代、食事代、土産代などがすべて今より割高になってしまう。一ドル＝二〇〇円になるということは、外貨の価値が七〇％上昇するということである。ましてや、一ドル＝一〇〇円の時と比べたら二倍、数年前の超円高の時の一ドル＝八〇円と比べたら単純計算で二・五倍の費用がかかることになる。

円安が進むと、ＨＩＳのような格安航空券を扱う会社は採算を取るのが難しくなってくる。最終的には、格安航空券そのものがなくなってしまう可能性もある。また、航空料金が高騰するだけでない。燃油サーチャージも高騰するだろう。二〇一四年の一二月時点では、円安が進行しているものの原油価格が下落しているので、相殺されて日本円ベースでの原油価格はそれほど上昇していない（むしろ下落傾向にある）。しかし、今後原油価格が上昇すれば燃油サーチャージも上がらざるを得ない。

数年前の円高の際には、アジア諸国やヨーロッパなどの格安の海外ツアーが大変ブームになった。特に、深夜便と早朝便を使った二泊三日の韓国格安ツアーが二万円台、あるいは三万円台といった信じられない価格で販売されていた。

格安ツアーに参加するのは、ブランド品や化粧品、洋服など買い物を目的とした若い女性が圧倒的に多い。当時の為替水準では日本国内の半額近くでそれらが購入できたので、ある程度まとまった買い物をするなら飛行機代とホテル代をかけてでも外国に行って買った方が得だということだ。円高の時代、二五万円だったルイ・ヴィトンのカバンも、七〇％上昇したら単純計算で四十数万円になってしまう。今後、円安がどんどん進んでいけば格安海外ツアーの採算を合わせることも難しくなるし、値段が上がってしまって格安海外ツアー自体がなくなっていくだろう。

しかし、このように円安が進めば海外旅行に行けなくなってしまうため、国内回帰が起きてくることが予想される。これまで円高の時代に海外旅行に行っていた人たちが、国内の温泉旅館やホテルに行くようになるのだ。これはある面では国内の需要が増えるということなので、円安が進んだからといって悪いことばかりではないといえる。

そして、海外からの外国人旅行客が増えるようになる。日本政府観光局が発表した二〇一四年一〇月の外国人旅行者数は一二七万人と単月で過去最高を記録。二〇一四年一月から一二月までの一年間の累計は一三四一万人で、過去最高記録を更新した。

外国人観光客が増加した背景には、円安による割安感の浸透や消費税免税制度が拡充されて食品や飲料、化粧品類などが対象になったことなどが挙げられる。今後ますます外国人観光客が増えることが予想されるため、外国人相手のお土産物屋などのビジネスは有望であろう。

すべての価格が大幅に上昇する

この原稿を書いている二〇一四年の年末、一ドルが一二〇円になった。これまでは、輸入企業も円安によって仕入価格が上昇した分について価格転嫁をしてこなかったわけだが、そうもいかなくなってきている。なぜ、これまで円安が進んでも価格転嫁せずに済んだのか。これは理由が二つある。

一つは、これは一時的な円安だろうということで今後もっと円安にならないことを願いつつ、今までの余剰資金でなんとかやりくりした、つまり自分の会社の利益を犠牲にして何とかやってきたからである。もう一つは、「為替予約」をしているからである。為替予約とは、将来の一定の時期に一定の価格で取引することを現時点で約束する取引のことをいう。しかし、為替予約を行なったとしてもいつかは期限がくる。自社の犠牲も限界、そして為替予約も時間切れとなれば今度は一気に価格転嫁をせざるを得ない。

そして、すでにその臨界点は超えてしまっている。少し例を挙げると、UCC上島珈琲はスーパーなどで売る家庭用レギュラーコーヒーを値上げした。主要産地のブラジルの干ばつでコーヒー豆の生産量が減少、急激な円安もあり、輸入価格が昨年に比べ二倍以上になったからだ。また、即席麺最大手の日清食品は主力の「カップヌードル」や「チキンラーメン」などを一月一日出荷分から値上げした。日清食品だけではない。明星食品の「チャルメラ」もサンヨー食品の「サッポロ一番」も同様に値上がりしている。円安に加え、新興国の需要拡大で小麦など輸入原材料価格が上昇したことが要因だ。包装資材の仕入値が上がったり、輸送費がかさんだりしていることも影響しているという。

春には乳製品、電力などの値上げも予定されている。今後もっと円安が進めば、一気に物価が上がる時代が来ると見ている。

外国製品はさらに値上がりが顕著だろう。数年前、一ドル＝八〇円の時はフェラーリの新車が三〇〇〇万円ぐらいで買えた。それが、今では四〇〇〇万円近くになっている。もし一ドル＝二〇〇円になれば、六〇〇〇万円以上になる計算だ。もちろんフェラーリはもともと高級車であるが、日本円ベースで見たらとんでもない高額な車になってしまう。フェラーリだけではない。アウディ、ベンツ、ＢＭＷ、アルファロメオ、プジョーなど、すっかり慣れ親しんだ円高トレンドのおかげで都心部では国産車並みに見かける外国車も、いずれは庶民には手の届かないものになってしまうだろう。かつて一ドル＝三〇〇円の時代には、外国車＝高級車というイメージがあった。当然、お金持ちしか買えなかった。そんな時代がまた復活するということである。

一ドル＝二〇〇円になれば、物価全般にわたって現在の価格から五〇％程度上昇する可能性がある。これは大変なことであり、私たちの生活に甚大な影響をおよぼすことが予想される。

一〇〇円ショップや格安の外食産業が消える

さらに私たちの身近な生活の話で言うと、一〇〇円ショップがなくなってしまうかもしれない。円安の影響で、原料や生産コストが上がり、海外の安い原料や労働力を使っていた生産ラインも割が合わなくなってしまった。そのため、最近はメーカーからの値上げ圧力が強まっている。大型商品を中心に売価一〇〇円を維持できなくなっている商品も増えているのだ。

また、庶民の生活に欠かせない牛丼、回転寿司、ラーメンなども値上げをせざるを得ない状況になっている。牛丼御三家の吉野家、松屋、すき家は二〇一四年三月までは牛丼の並盛が二八〇円で横並びだった。すき家は一時二七〇円に値下げしたものの、その後二九一円に値上げ、松屋は二九〇円に値上げし、関東圏で三八〇円のプレミアム牛めしを投入した。吉野家は牛丼並盛を三〇〇円から三八〇円へと大幅に値上げした。世界的に牛肉の需要が急増したうえ、円安もあって企業努力だけで牛丼を安定的に供給することができなくなったことが値上げの理由だという。全国で回転寿司「かっぱ寿司」を約三九〇店運営するカッパ・クリエイトホールディングスは、一皿九四円から一〇八円に値上げした。円安や不漁で人気のサーモンの仕入れ価格が高騰するなど原材料費が上昇。値上げせざる得なくなったという。ラーメン最大手の幸楽苑は、売上高の約二割を占める「中華そば」（三二三円）の販売を一部店舗で中止。主力商品を五〇〇円台の新しょうゆラーメンに切り替えていくという。すでに割安なセットメニューは順次縮小しており、小麦粉などの値上がり分を吸収していくのだという。

この他、ファミリーレストランやコーヒーショップも増税分の値上げや一〇円の値上げを行なっている。

このように、格安料金で提供されたものも今後円安が進むことで、商売がなり立たなくなるかもしれない。その分、庶民の生活に重大なシワ寄せがいく。

原油価格が高騰する

日本はエネルギーに関して、ほとんど海外からの輸入に頼っている。円安になれば原油価格も上昇していく。ガソリンが一リットル＝一六〇円を超え話題になったが、一ドル＝二〇〇円になれば、ガソリンは一リットル＝二五〇円といった水準になるかもしれない。通勤も大変であるし、マイカーで盆暮れに田舎に帰るのが大変な負担になるであろう。そうなるとガソリン車は徐々に姿を消し、街を走るのはほとんどが電気自動車や水素自動車というような事態になるかもしれない。

原油価格の上昇が私たちの生活におよぼす影響は少なくない。ありとあらゆるものが石油から作られている。プラスチックの材料から食品、医薬品、農薬、化学肥料に至るまで、一見石油とは関係がないように見えるものでも大本は石油であることも多い。

また、原油価格の上昇とともに灯油価格も上がるわけだが、北海道などの寒冷地に甚大な影響が出てくる可能性がある。寒冷地は真冬はすさまじい寒さになるので大量の灯油が必要になる。かつて灯油の価格が高騰した時に、年金生活者は家でずっと暖房をたいていると灯油代が高くつくので、昼間はパチンコ屋やファミレスなどに行って過ごすという記事が紹介されていた。帰宅したらあまりにも寒いので暖房を付けるのだが、いったん暖房を切ってしまうと暖まるまでにかなり時間がかかる。それで体調を壊したり、風邪をひいたりするのだという。下手をすると凍死者が出るかもしれない。原油の高騰は人の生命をもおびやかすのだ。

さらに、原油価格が上昇すれば、天然ガスの価格も上昇するだろう。現在日本は原発の稼働を止めて火力発電をメインで電力の供給を行なっているが、原油価格や天然ガスの価格が高騰すれば火力発電のコストが大幅に上昇するため、原発をすべて再稼動させようということになるかもしれない。

「風が吹けば桶屋が儲かる」ということわざがあるが、原油価格の高騰によって新たな産業が出てくるかもしれない。たとえば、石油に代わる代替エネルギーの重用である。先日、東大出資のベンチャー企業で東証一部上場になった「ユーグレナ」という会社がある。この会社は藻の一種である〝ミドリムシ〟を培養し健康食品として販売して知名度を高めてきた会社であるが、このミドリムシを使ったジェット燃料（バイオジェット燃料）の実用化に注目が集まっている。

バイオジェット燃料のメリットは、食糧となるとうもろこしなどを使用しないため、食糧不足問題や栽培のための耕地を広げるための森林破壊が必要ないという点である。また、とうもろこしなどの植物で問題となる日照不良、風雨、干ばつなどの異常気象による収穫変動の危険性がミドリムシにはないということも大きなメリットだ。さらに優位性があるのは、他の植物をバイオ燃料の原材料とするよりも、実験レベルで一〇倍以上の非常に高い効率で製造が可能であることだ。

もう一つのメリットは温暖化など環境破壊が問題の二酸化炭素の排出量を増

加させない循環型燃料だという点だ。石油の場合は、石油を使用することで二酸化炭素が空気中に排出され二酸化炭素が増加してしまう。これに対し、循環型燃料では環境破壊、温暖化の問題が改善できることが期待できる。

現在、石油は自動車に使用される量がもっとも多いのだが、自動車はハイブリッド車や電気自動車、水素自動車に移行していくだろう。しかし、ジェット機は当面、現状の燃料が続くので、ジェット燃料だけでもバイオジェット燃料に代わると環境には大きなプラスになっていく。ミドリムシの油脂分から抽出・精製して作られる油は、非常に軽質でジェット燃料に非常に近いことから、二〇二〇年までの実用化を目指して開発が進められている。

二〇一五年の念頭に原油価格が暴落して世界的話題となったが、次に原油価格が高騰した時には日本は大変なことになっているだろう。そういった観点で考えると、バイオ燃料を開発する企業株への投資も面白いかもしれない。

輸入企業が倒産する

話をもとに戻そう。先日の日経新聞にも掲載されていたが、現在株式市場では「輸入企業」と「輸出企業」の選別が厳しく行なわれているという。円安になると輸出企業は利益を得て、輸入企業は損失を増やすと言われる。

輸入企業とは、大きく言うと日本では原材料を生産できないものを扱っている企業などで、原材料の卸売業や石油、穀物、貴金属などを原材料としている製造業をいう。急激な円安による業績への悪影響を抑えるため、輸入企業は防衛に躍起である。先ほど述べた「為替予約」と呼ぶ取引を増やす企業も多い。為替予約をしておけば、輸入企業は円安が進んだ際の収益悪化をある程度避けられる。また先ほど述べたように、輸入企業の中にはすでに商品の値上げを行なって小売価格に反映させている企業も多い。

反対に輸出企業とは、日本が誇る製造業や卸売業の企業群などが代表的と言える。輸出企業の上場企業では、二〇一四年四～九月期の経常利益は前年同期から一割増えている。しかし、輸出企業でもソニーや日産は、さらに円安が続けば部材の調達先を変更したり、一部の輸入部品を国産に戻すことを検討しているという。燃料を輸入品である原油に頼る航空業界でも、原油安にありながら業績が下振した要因として日航の大西賢会長は「消費増税より円安の影響の方が大きい」という。

円安は企業にも個人にも想像以上の影響を与える。消費増税よりも大きな打撃を企業の懐も個人の懐も受けるかもしれない。

住宅ローン破たんが急増する

このように円安になると物価上昇は必至だから、いずれは金利が上がってくる。一ドル＝二〇〇円になった時には、恐らく長期金利は三％以上になっているだろう。現在は〇・三％を切るという超低金利である。三％になるということは一〇倍になるということであり、様々な影響が出てくるだろう。

まず、金利上昇によって国債価格が下落し、国の借金がますます増えていく。次に借金をしている人は借入金利が上昇する。今、住宅ローンを借りた場合、一～二％ぐらいである（場合によっては一％以下）。長期金利が三％になれば、住宅ローン金利は五％台になってしまうだろう。固定金利で契約している人はまだしも、変動金利で契約している人は大変なことになる。

さらに、固定金利で契約していても変動金利に変更される可能性もあり、借金をしている個人、会社は円安からくる金利上昇によって非常に影響を受ける可能性が高い。利息制限法および出資法の上限金利がある以上、金融機関の貸出金利は一定以上にならないと思う方もいると思うが、アジア通貨危機後、韓国ではＩＭＦの指導もあり、金利制限がなくなった。日本でも同様のことが起きないとはいえないだろう。

輸入インフレによって物価は上がるが、不動産はそうはいかない。不動産は〝人間の容れ物〟であり、人口が減ればそれに比例して需要は減少する。にもかかわらず、供給がやむことはないから下落は必至だ（ただし、これから数年、東京の不動産は世界一バブル化するだろう）。不動産が値下がりすれば、不動産の担保価値も下がるので銀行はますます苦境に追い込まれる。不動産価格が下落すれば、それを担保に会社などが資金を借り入れるのも難しくなる。住宅ローンを組んで家を建てた人も、担保価値の下落に加えて金利の急上昇で変動金利の負担が重くなり過ぎ、ローンを返しきれなくなる人が増えてしまうだろう。そうなればますます持ち家を売る人が増え、供給過多でさらに不動産価格が下がってしまうという悪循環に陥ることが予想される。

ただし、外国人も欲しがる東京都心の一等地だけは例外となるだろう。したがって、資産保全のためには地方を売って東京を買えということになる。

公的年金は破たんする⁉

また長期金利の急上昇によって、公的年金も破たんしてしまうかもしれない。

現在、国民年金は年金基金によって運用されており、大部分が国内債券となっている。国内債券とは主に国債と地方債だ。ということは、もし金利の急上昇によって既発国債の価格が急落したらどうなるか。あるいは、国債の引き受け手がいなくなったらどうなるか。そうなると、国民がもらえる年金額は大幅に少なくなってしまうのだ。

そこで政府は公的年金の運用改革を進めようとしている。国債中心の運用を改め株式などの価格変動の大きい資産の比率を上げようというのだ。しかし、その日本株も国債下落に連動して暴落してしまう可能性もある。年金額が大きく減れば、高齢者の生活も破たんしてしまう。その高齢者の生活を支えるために現役世代の支出はさらに増え、消費や貯蓄が減る。それは景気の悪化に拍車をかけることになる。

二極分化が進み、貧富の差が拡大する

この二十数年のデフレの中で二極分化が進んだと言われているが、きちんとした数字を見ると実際にはそうでもないと言われている。ところが、今後本当に二極分化が起こってしまう。戦後初めて経験する大変悲しい厳しい状況が、この円安によって起こるというわけである。

少し歴史的にものを見てみよう。日本では、一九九〇年に株が暴落して困難な状況に入ってここまで二四年かかったわけであるが、本当にデフレになったのは一九九五年ぐらいである。つまり、デフレが二〇年間続いたということである。その間はデフレ＋円高であった。そうなると、輸入品が多い日本はデフレが加速し、強大な物価下落圧力がかかることとなった。この二〇年間は、賃金が上がらなくてもデフレで物価が下がったので、バブルの時に借金をして株や不動産を買ったりした人は別として、普通に生活していれば、それなりの生

活ができたわけである。

しかし、ここにきて急に円安が進行し、格安ツアーもなくなる、一〇〇円ショップも消える、ありとあらゆるものが値上げされていく。もちろん会社の経営も大変になるが、それ以上に国民の生活がかなり厳しくなる。

これまでのトレンドが今回の円安によって根底から崩れていくわけで、特に庶民の生活は大変なことになる。一部の輸出型大企業に勤めている人以外は厳しくなる。さらに、あらかじめ外貨建てにしていた個人および法人は全然問題なく生き残れるが、まったくそういうことを考えていなかった個人、法人は没落していくことだろう。ここでいう外貨というのは、外国の預金・現金だけではなくて海外の不動産、海外のファンド、海外の会社も含まれる。私は数年前に『いよいよ最後の円高がやってきた！』（第二海援隊刊）という本を執筆したが、あの本を読んできちんと手を打った人は資産がどんどん殖えているはずだ。

逆に外からみるとどうなるかというと、外国人は日本のものを安く買えるようになる。そのため、外国人による〝日本買い〟が今後どんどん増えていく。

特に、中国人による日本買いは広がりを見せている。銀座のブランド品店や秋葉原の量販店に押し寄せる中国人観光客をはじめ、マグロやサンマなどの食材、あるいはアパレルのレナウンや量販店のラオックスなどの企業買収まで際限がない。

中でももっとも深刻な影響が懸念されているのが、日本の土地・不動産の買い漁りだ。中国人が東京の銀座界隈の優良物件や、いわゆる都内の一等地を精力的に買ってきている。銀座にビルを所有するオーナーの話によると、現在銀座界隈のビルが売りに出るのを待っている中国人投資家が数十人いるそうで、もし、ビルが売りに出たらどんなに高くてもすぐに買い手がつく状態だそうである。特に、中央通り沿いの物件はほとんど売りに出ることがないため人気が高いという。また、慢性的な水不足が続き、「水の確保が死活問題」とも指摘される中国にとって、日本の森林面積の四分の一を占める北海道は掌中に収めたい超優良物件であり、明らかに水源を狙った林地取得が相次ぎ発覚しているのだ。

こういった動きは日本の国益を損なう可能性もあるため、十分に注意する必要がある。円安が進むにつれて外国人の日本買いが進むのは間違いない。

一ドル＝一〇〇〇円も？

今までは為替の水準を一ドル＝二〇〇円と想定し、そうなった場合は私たちの生活にどのような影響があるかを見てきた。しかしそれ以上の円安、つまり一ドル＝三〇〇円、あるいは一ドル＝一〇〇〇円といったような超円安になることはあるのだろうか。

「そんなことはあり得ない」と思うかもしれないが、私はあり得ると見ている。第一章で紹介した矢野正氏の発言の通り、チャートから見ると一ドル＝一〇〇〇円という円安水準も十分にあり得ることなのだ。

この章では一ドル＝二〇〇円という円安水準になった場合、私たちの生活にどのような影響があるかを考えてきたが、矢野氏が指摘するようにさらなる円安も想定しておく必要があるだろう。そうすると、さらに甚大な影響が起きることが予想される。最悪の場合、ハイパーインフレ、徳政令という恐ろしいことも考えなければならない。詳しくは私の書いた『あと2年』『国債暴落サバイバル読本』（共に第二海援隊刊）などをお読みいただきたい。

また、来るべき超円安に備え、生き残るための会員制組織「国家破産の全てを知るクラブ」を設立することにした。同クラブについては、巻末の案内をご参照頂きたい。

第六章
超円安時代の生き残りノウハウ

生き残りのための正しい対策

ここまでたどり着いた読者の皆さんは、もはや「円崩壊」は避けられないことであり、私たちの生活も木っ端微塵に打ち砕かれてしまうということをご理解いただいたことだろう。大多数の国民は嵐に巻き込まれる小舟のごとく、この「円安地獄」に翻弄され呑み込まれてしまうことになる。

しかし、やみくもに恐れることはない。どんな経済的混乱（たとえそれが国家破産）でも生き残った人はいるし、それどころか資産を倍増させる人すらいるのだ。その人たちに共通することはただ一つ、〝正しい対策を事前にしていた〟ということだ。

この章では、「円安対策」に的を絞って話を進めていく。私は日頃から国家破産対策の必要性を説いているが、円安対策はその一部を成す重要なものだ。いずれ、日本は単なる円安だけでは済まされない、とんでもない時代に突入する。

それに立ち向かうには、壮大なサバイバル計画が必要だ。これから紹介する円安対策は、その計画の入り口として必ず実行してほしい。

サバイバルに必要なもの

具体的な対策を見る前に、円崩壊そして国家破産という激動の時代をサバイバルするために重要な考え方をおさえていきたい。

A　情報収集とカン

まず何より肝心なことは、いかにして重要な情報を入手するか、ということだ。私たちの身の回りには、テレビ、新聞、インターネットなどから吐き出される情報が溢れかえっているが、労せず誰もが手に入れられる情報にはその程度の価値しかないと心得るべきだ。本当に必要なものとは、こういった多くの情報や時には特殊なルートでしか手に入らない情報を元にして生み出される、サバイバルに必要な「知恵」となる本物の情報だ。このような情報は、高度な情報分析能力を持つ、優秀な人物によってのみ生み出される。ここでいう優秀な人物とは、学歴や経験の量とは関係のないもので、また誰にでもできる類の能力でもない。また、そういった情報は得てして広く出回ってはおらず、簡単には入手できないものだ。しかし、もしあなたが生き残りたいのであれば、死に物狂いでこのような情報を掴むことだ。まずは日頃から、有名、無名を問わず、様々な人たちが発信する情報を注意深くチェックし、アンテナに引っかかったものを慎重に検証することをお勧めしたい。

そして、もう一つの重要なものが「カン」だ。それも、ぼんやりした思い付きのような頼りないものではだめだ。空腹の狼が獲物を狙う時のような、研ぎ澄まされた「動物的直感」が必要だ。「なんだ、カンか」などとバカにしてはいけない。動物には生来、科学など足元にもおよばない力が備わっている。超精密センサーが捉えないわずかな違い、あるいはスーパーコンピュータでも計算しきれない未来予測といった科学の限界を、「動物的直感」は一瞬にしてやすやすと超越してみせるのだ。

このような素晴らしい能力は、力の差こそあれ、私たち人間も誰もが持っているものだ。これを使わない手はない。これから私たちが迎える経済的危機は、生存の危機に直結する極限状況だ。こんな時こそ、普段は眠っている「直感力」を引き出していこう。

直感力を鍛えることは難しいが、常に危機を意識し、周囲に気を配り、今は見えないものを見抜く努力をすること、動物がサバンナで生き死にをかけている時のような心構えを持つことだ。まずは、皆さんの中にいる「他人任せの平和ボケ根性」を追い出すことから始めていただきたい。

B　会員制クラブを利用する

どれほど有益な情報と驚異的な直感をもってしても、人間はひとりで生きていくことはできない。やはり、人間同士がつながる必要がある。危機的状況ならなおさらのこと、互いの能力や情報を活用しあわなければならない。

そこでお勧めしたいのが、「会員制クラブの利用」だ。私は、執筆の傍らいくつもの会員制クラブを運営している（詳細は巻末一九四ページを参照いただきたい）が、何もそれに入ってほしい、という宣伝をしたいのではない。もし、他でやっているクラブでも良いものがあれば、それはどんどん利用していただきたい。本当に良い会員制クラブでは、単に良質なサービスが提供されるというだけではない。運営目的が明確なため、同じ危機意識、同じ目的意識を持つ人たちが集まりやすいのだ。すると、クラブに入ってただ情報を入手し、サービスを利用するだけでなく、時に自分の情報を提供し、あるいは会員同士が交流することで飛躍的なメリットがもたらされるようになる。ポイントは、同じ志を持つ人たちとのつながり、つまり本当の意味での「同志」を得る、ということだ。

なお、国家破産や円安への対策を考えるならば、私が運営するクラブは筆頭候補になると自負している。「国家破産を生き残る」という目的のもと、私が長年研究した国家破産対策のノウハウを余すことなく提供しているというだけでなく、全国の三〇〇〇名近くの方々が利用しているためだ。この心強い「同志」の皆様からは、私も気付かないような日常生活のちょっとした変化や、円安対策を行なっていて経験した生々しい体験など、実に多くの「生きた情報」が寄せられる。これを会員様に還元することで、他では決して得ることのできない「知恵」のネットワークができるのだ。ここまでやっているクラブは他にはそうそうないと思っている。ぜひとも対策の一つとして活用していただきたい。

C　全体像を把握する

群雄割拠の戦国時代、諸藩の大名たちは生き残りをかけて兵を鍛え、戦に備えた。これは、「隣国との戦に負けない」という対策だが、歴戦の猛将とわたり合い、歴史に名を遺した大人物は、隣国への対策にとどまらず、より大きな視点から策を打っていた。その典型が〝織田信長〟だ。

みなさんの多くは、戦国の武将はみな天下統一を目指していたとお考えかもしれないが、実は天下統一を目指したのはごく一部の限られた武将だったことが分かっている。戦乱の世を生き抜くために、多くの武将が「戦いに負けない」という選択をしたわけだが、信長はそれを超越し、「天下布武」を政策に掲げて全国統一にまい進した。天下が一つになれば戦がなくなり、戦がなければ生き残りは容易になる、という実に壮大なサバイバル計画だ。これは、信長が単なる戦好きの血気盛んな気性というだけではない、壮大な戦略家の一面も持っていることを雄弁に物語っている。信長は様々なルートを通じて情報収集し、戦国という時代の全体像をつかみ、時代を生き残る策を練り上げる中でこの究極の戦略にたどり着き、そして実際に天下統一を目指したのだ。

ひるがえって、私たちが円崩壊そして国家破産という「戦国時代」を生き抜くためにも、信長が行なったような全体像の把握が極めて重要だ。まず、この二一世紀という時代がどのようにして成り立っているのか、そしてその中で、日本がどのようなところに位置し、これから国家破産がおきればどのような大惨害に見舞われるのかを知ることだ。

その手がかりとしての歴史研究は極めて有効だ。特に、一九八九年から二〇一四年の二五年間の日本の歴史には、今後の流れを知るヒントがたくさんある。史実の枝葉部分はそぎ落として、大まかな流れだけでもつかむと良いだろう。また、できればそれ以前の日本の歴史についても押さえておきたいところだ。特に、第二次世界大戦直後と明治維新に日本が経験した「国家破産」の実態を知ることは、極めて参考になるだろう。前著『あと2年』（第二海援隊刊）にはここで挙げたことがまとめて書いてあるので、関心がある方はぜひ一読することをお勧めする。

D　円安対策の基本は〝円→外貨〟

当然なことだが、円安とは他の通貨に対して円が安くなる、ということだ。

つまり、円建ての資産は相対的に資産価値が下がっていくことを意味する。だから、円貨建てから外貨建てへの転換が対策の基本となる。では、ただやみくもに外貨建てに転換すればいいかというと、そう簡単ではない。対策を実行に移す時に気を付けていただきたい点が二つある。「タイミング」（いつ外貨建てに転換するのか）と「中身」（どのようなものに転換するか）だ。

これまた基本的な話だが、円安は一直線には進んでいかない。相場の上げ下げを繰り返しながら進んでいくため、外貨建てに転換するタイミングに有利、不利が出てしまうのだ。FXなどの通貨取引を行なったことがある方や、頻繁に海外旅行に行く方などはよくご存じとは思うが、実はそのような人ほど注意が必要だ。「今は円安だから不利」とか、「円高の今のうちにやっておこう」と、対策も為替相場を見ながら行ないがちで、計画通りに進まずにかえって不利な結果になることもあるためだ。

外貨に換えるタイミングを見計らうのは、ほどほどにしておくのが良い。私たちがやるべきは「円安対策」であって「通貨取引」ではない。たとえ目先で三円や五円有利なタイミングを得たとしても、のちに振り返れば誤差だったと思うほどに円安は進むだろう。ならば、あれこれ小手先で考えるよりも、なるべく早い時期に計画的に対策を進める方が重要だ。

それよりも頭を使うべきなのは、どのような資産、どのような通貨に移すかの方だ。いずれ日本円はどの通貨に対しても全面安になると考えられるが、だからと言って日本円以外のすべての通貨が良いわけではない。日本円ほどでなくても、他の通貨に対して価値が下落する通貨では意味がないのである。基軸通貨の米ドルは手堅い選択だが、米ドル以外でも十分な実力を持つ通貨は存在する。そういった情報を仕入れうまく活用できれば、資産を守るのみならず、殖やしていくことすらできるだろう。

持ち方についても、海外口座に預金で持つ、海外不動産を買い付ける、海外ファンドに投資するなど様々な選択肢がある。それぞれ利回り、リスク、流動性など特徴が異なり、選定に際しても注意すべき点がある。自分の資産規模や生活設計、リスク選好性などに応じた分散を考えると良いが、このあたりまでくるとやはり専門家の知恵を借りた方が良い。私が運営する「ロイヤル資産クラブ」では、海外を活用した資産運用をトータルに相談し、提案を受けることができる。興味がある方は、このようなサービスの利用も検討すると良い。

具体的な対策

さあ、いよいよ具体的な対策を見ていこう。

① 外貨建て資産を持つ

基本は、まず〝なるべく早く〟あなたの資産の〝なるべく多く〟を外貨建てにすることだが、それにはいくつかの方法がある。

■海外ファンド

中でも、もっとも有効な円安対策は海外ファンドだ。日本の金融機関を離れ、直接投資することで国家破産にも有効な対策となる。ファンドによっては、日本国破産による影響すら収益機会に変える、実に強力なものもある。私は長年ファンドの研究も行なっており、非常に魅力的な運用手法のファンドについても情報を得ている。一部の情報は前著『あと2年』（第二海援隊刊）でも触れているが、海外ファンドの最新事情を詳しく解説した書籍を今春〜夏頃に刊行予定である。ぜひともご一読いただきたい。

なお、銘柄選定や信頼性の評価、アクセスの方法は専門的な知識が必要となる。インターネットなどで情報を入手することもできるようだが、詐欺などに遭う可能性もあり、自分一人でやることは避けた方が良い。やはり、こういった情報を専門に扱うアドバイザーに相談するべきだ。

■外貨預金

恐らく、もっとも手軽にできる円安対策が外貨預金だろう。特に国内銀行の場合、米ドルであれば都銀、地銀どこでも取扱いがあり、小額からでも即日始めることができる。

最近では、定番の米ドル、豪ドルの他にもいくつかの主要通貨を選べるようだ。私が最近特に注目している「ノルウェークローネ」建てで預金を行なう銀行も出てきている。比較的高い預金金利を設定しており、なかなか魅力的ではある。

ただ、ノルウェークローネのような一部例外を除き、国内の外貨預金は主要通貨建てでは現在ほとんど利息が付かない。特に、米ドルは定期預金でも極めて利率が低く、運用という意味ではほとんどメリットがない。比較的高金利な豪ドル、ニュージーランド（以下ＮＺ）ドルなども国内銀行の預金では利率が低めになっている。金利面を考慮するなら、これら高金利通貨は外貨ＭＭＦにした方がまだ若干有利だ。外貨ＭＭＦは、証券会社で一万円程度から始められるファンドの一種で、証券会社版の外貨預金のような位置づけのものだ。

国内での外貨預金、外貨ＭＭＦは、円安対策の初めの一歩としては良いが、そのままの状態で保有し続けることは決してお勧めしない。円安対策だけ考えるのであればこれでもこと足りるが、もし国家破産になったら国内金融機関に預けているものは預金封鎖や引き出し制限など、甚大な影響を受ける可能性が高いためだ。

そこで私がお勧めするのが、海外口座だ。海外の銀行口座であれば、たとえ日本人の名義口座であっても日本の破産の影響を直接受けることはまずない。さらに、銀行によっては極めて魅力的な預金金利を出すところもある。私が特にお勧めするのがＮＺの銀行だ。国の財政状態は日本よりもはるかに健全、原発もなく、他国と戦争になる可能性も極めて低い。また、ＮＺの銀行はいずれもＡＡ以上の格付けを維持する極めて安全性の高いところばかりだ。

そして何より、預金金利の高さが魅力である。日本ではＮＺドル建て定期（一年物）は二・五％前後が相場だが、ＮＺではなんと四％以上も付くのだ。口座開設のためには現地まで渡航する必要があり、また特別なルートを使わなければ単身で開設することは難しいが、作る価値は大いにある。特に国家破産対策までを見据えた時、海外口座を持っているかは大きな差になるだろう。ＮＺに口座を開設したいという方は私が主催する「ニュージーランド口座開設、不動産視察ツアー」に参加されると良いだろう（巻末二〇〇ページをご覧ください）。

■金《きん》

金《きん》も円安対策には有効な資産だ。金は市場取引される時、米ドルをベースとしている。したがって、為替の変動は円建ての金価格に大きく影響をおよぼすのだ。実際に、二〇一二年後半から二〇一四年末までを見てみると、米ドル建ての金価格は一七〇〇ドル台から一二〇〇ドル台にまで大きく下落しているが、日本円建てでは四〇〇〇円台後半から四〇〇〇円台前半と、米ドル建てに比べ下落幅が少ないのだ。この間、アベノミクスによって為替は八〇円台から一一五円台まで円安となっている。つまり、国際的に金価格は下落していたが、円安がそれを打ち消して、日本円建てでは金価格はあまり下落しなかったのだ。

このように、円安対策としては効果を持つ金だが、円安対策の一歩先、国家破産対策まで考える場合にはいくつかの注意点がある。まず、〝保有する時は必ず現物で持つ〟ということだ。

最近では金の取引会社が保管まで行ない、購入者に証書のみを渡すものや、積立商品で分割購入できるものもあるが、イザという時には現金化したり現物引き出ししたりできなくなる可能性が高い。国家破産時は、国も現物資産を差し押さえようと必死になるためだ。対外債務の支払いなどの場面でも金現物は非常に貴重となるし、もしＩＭＦなどが乗り込んできたら、金は十中八九差押え対象となることだろう。資産防衛の観点で言うならば、必ず現物は自分で保管しなければならない。

また、金は価値が消滅しない資産として魅力だが、だからと言って資産をすべて金に換えることは大変危険だ。没収されるリスクに加え、国家破産時に現金化したり物々交換に使ったりできない危険があるからだ。私が国家破産した国に直接行って取材した結果わかったことだが、破産のドサクサの時は金の偽物が出回るため、誰も金の交換に応じなくなるのである。これではサバイバルをするための資産としては役に立たない。
もし金を保有するなら、全資産の一部、大体五～一〇％程度に留めておくのが良いだろう。

■実物資産（不動産、株、美術品、アンティークなど）

実物資産も円安対策としては悪くない。私は特に株と不動産はこれから国家破産が本格化するまでの短い期間はチャンスと見ているし、また国家破産によって円建てで大きく下落したあとは、絶好の買い場になるだろうと考えている。

ただ、株も不動産も儲かるだろうと思いつきで手出しすると、大やけどをする確率が非常に高い。相場を知り尽くしたプロや長年取引をしている個人投資家などに、素人が簡単に勝てるほど甘い世界ではないのだ。やはりこの領域も、信頼できる専門家を軍師につけるのがもっとも近道だ。

美術品やアンティークは、さらに専門知識が必要となる。趣味の延長線上でたまたま持っていたものが値上がりする、ぐらいの感覚で保有するのが良いだ

具体的な円安対策

海外ファンド

外貨預金

国内／海外

金

実物資産

不動産／株／美術品・アンティーク

ろう。しかし、趣味として考えれば、心を豊かにし、知的好奇心も満たしてくれる。関心がある方は、ぜひとも大人のたしなみとして挑戦してはいかがだろうか。

■ＦＸ

今、日本でもっとも流行っている個人の金融取引がＦＸ（外国為替証拠金取引）だ。パソコンやスマホがあればいつでもでき、小額から始められるうえ、月数百万円もの利益を手にした学生や専業主婦が登場したことから爆発的に普及した。詳しい仕組みは他書に譲るが、為替相場の動きと通貨間の金利差によって利益を得る仕組みであるため、円安にも対応して資産を守り、さらには資産を殖やすことも可能である。

もちろんこれは、株などと同じ純粋な投資なので、元本割れのリスクもある。また証拠金取引のため、預け入れ額よりも多額の取引が可能で、自分が負担できないほどの莫大な損失を被る危険もある。実際、手軽に利益が得られると思い込んで安易に取引をはじめ、莫大な損失を背負って自己破産やさらには自殺に追い込まれた人も出たため、当局が規制に乗り出したほどである。くれぐれもなめてかからず、きちんと基本を押さえたうえで行なうべきだろう。

②インフレ、金利上昇に対抗せよ

さらなる円安がやってくれば、エネルギーや食料品、農工業の原材料などを輸入に頼る日本においては物価高騰（インフレ）に直結する。また、インフレが進めば、インフレ率に応じて金利も上昇する。インフレ率が年三％ならば、金利も年三％強になるという具合だ。この時、気を付けないといけないのは、インフレ率以上に資産が運用されていなければ、実質的に資産価値は減っていくということだ。

日本では二〇年近くもデフレ基調が続き、低金利が常態化していた。そのため、預金に金利が付かなくとも実質的な預入資産の価値はあまり目減りしなかったのだ。しかし、これからはそうはいかない。預け入れした額は大して増えないのに、物価がどんどん上がっていき、実質的に資産が目減りしていく危険があるのだ。もし、資産価値を維持したいのならば、これからの時代は多少のリスクを覚悟してでも資産運用を行なわなければならない。このような時に有用なのが株や不動産、そして何より海外ファンドなのだ。

また、もう一つ魅力的なのが米ドル以外の通貨だ。前述のNZドルやノルウェークローネは、高い金利が付くうえ相対的に価値が上昇する期待がある。いずれの国も財政基盤が健全で、資源もあり将来的な国家運営の展望が明るいため、米ドルに対しても高値に推移する可能性がある。そうなれば、さらに運用効果が高まり、資産を殖やすことも可能だろう。

このように、どのような通貨を持つか、どのような資産内容で持つかによって、資産防衛・運用の幅は大きく変わってくる。ぜひとも必死に研究し、円安対策を実行してほしい。

円安対策に有用な通貨

基本

米ドル

基軸通貨としての安定性

応用

ニュージーランドドル
ノルウェークローネ

財政の健全性、地政学リスクの低さなど

③ 「韓国九七年危機＝ウォン安」に学ぶ

インフレでもう一つ気を付けなければいけないのは、〝金利上昇〟だ。第五章では、一ドル＝二〇〇円時代で住宅ローン破たんが急増することに触れたが、これがまさに金利上昇の恐ろしさの一端だ。これからの時代は金利に敏感にならなければいけない。その理由を知るために、一九九七年の韓国経済危機で人々を苦しめた金利上昇がいかなるものだったかを見ていこう。

一九九〇年代後半、米国は景気回復を背景に「強いドル政策」を実施し、米ドルは高値傾向が顕著になっていた。当時、タイ、マレーシア、韓国、インドネシアなど多くのアジア諸国は経済基盤が今より弱かったため、自国通貨と米ドルの為替レートを固定して（ドルペッグ制）通貨安定を図っていたが、ドル高政策のあおりを受けて経済の実態以上に通貨高となっていた。これに目を付けた海外の大物投資家らはアジアの通貨を一斉に空売りし、これがきっかけでアジア圏の通貨が軒並み暴落、一九九七年に深刻な金融危機が巻き起こったのだ（アジア金融危機）。

各国とも通貨防衛に乗り出したが、世界中からのマネーの圧倒的な攻撃には無力だった。韓国も世界中の売り浴びせに買い支えで対抗したものの、外貨準備はあっけなく底をついてしまった。デフォルト危機に直面した韓国はＩＭＦへの金融支援を要請したのだが、この要請にＩＭＦは「超高金利と緊縮政策」という過酷な条件で応じたのだ。選択の余地がない韓国は条件を受諾、これが韓国経済の地獄の始まりとなった。

のちに「ＩＭＦ危機」「朝鮮戦争以来、最大の国難」と言われたこの経済危機で、韓国経済は壊滅的な事態となった。ＩＭＦの高金利政策が発動されると、「経済実態に即した水準」めがけて金利はぐんぐん上昇し、一九九八年三月には金利がなんと三〇％にもなったのだ。資金繰りに窮した中小企業が次々倒産。それだけにとどまらず、韓国屈指の財閥企業も次々と破たんしたのだ。失業者は三〇〇万人に達し、失業率は二・五％から七％に急騰した。

惨事はそれだけではない。金利の上昇は銀行の貸し出しやローンにも直結した。住宅ローンを抱えていた人たちは、三〇%もの金利負担にひとたまりもなくひねりつぶされ、泣く泣く自宅を手放した挙句、残ったのは借金だけという悲惨な目に遭った。不動産価格は三割にまで下がった。三割下がったのではない。三分の一以下になったのだ。

その後、韓国経済は財閥再編などを経てなんとか回復し、IMFからの融資も返済した。しかし、一部財閥だけが潤う極端な貧富格差、異常に高い高齢者自殺率など、社会状況は以前とは完全に様変わりしてしまった。

と、このような話を聞くと「韓国は大変だったのだなぁ」「IMFが乗り込んでくると恐ろしいことになるのだなぁ」と他人事のような感想を述べる人がいるが、そんな悠長な心持ちではこれからの日本では決して生き残ることはできない。この韓国の事例は決して他人事ではなく、我々が経験することになる未来の話なのだ。

極度の円安になれば、必然的にインフレとなり、金利上昇も制御不能となる。

その時、九七年の韓国の時のように資金繰りできない会社は次々潰れるだろうし、外貨の準備がない人々も一瞬にして瀕死の状態に陥るだろう。また、借入れをしている人は担保を取られた挙句に借金地獄に突き落とされることになる。

特に、住宅ローンを持っている人は要注意だ。わかりやすい例を挙げておこう。年収一〇〇〇万円の人が、年収の三倍、三〇〇〇万円の住宅ローンを一〇年返済で組んだとする。現在は金利が安いので、仮に一％で借りたとすると、毎年三〇〇万円の元本返済と三〇万円の利払いを行なう計算になる。これが年三〇％の金利になると、三〇〇万円の元本返済に九〇〇万円の利払いとなる。いきなり返済額が年収を超える状況になってしまうのだ。もちろん、実際の計算はもっと複雑だが、金利が二桁にもなる恐ろしさとはこういうことだと理解いただけるのではないだろうか。

日本が抱える危機的財政状況は当時の韓国とは比べようもないが、もしかすると韓国が地獄をみた三〇％の金利など〝かわいい〟と思えるほどの金利になることだってあり得るだろう。慢性的財政破たん国だったトルコは、一九九〇年代後半から二〇〇〇年代初めまでは五〇～一〇〇％という高金利状態が続いていた。こんな経済状態で住宅ローンのように収入をはるかに超える借金をしていたら、ほぼ即死状態である。

とにかく、どんな時代もなるべく借金しない方がいい。もし借金をするなら、相当周到にシミュレーションし、金利急騰時の対策もしっかり練っておくことだ。また、前章でも書いたが、固定金利にすれば金利が急騰しても大丈夫という話もあまり信じ過ぎない方がいいだろう。何しろ、貸付する側も厳しい状況に置かれるのだ。たとえば、今三％の固定金利で顧客に貸し出せば五年後に金利が三〇％になった時には二七％の逆ザヤになる。こんな顧客ばかり抱えた銀行が潰れるのにそう時間はかからないだろう。私の予想では、最終的に国が乗り出して銀行側有利の条件に強制変更になるのではないだろうか。

「国は借金踏み倒しができるのに卑怯だ！」と憤っても仕方がない。イザとなれば、公権力はそういう形で国民に牙をむくのだ。こういう手口にやられたくないならば、極力借金をしないことだ。すでにローンを抱えている人は、来る

円安時代に気を付けること

インフレ

リスクを取って、
インフレ対抗資産を持て

金利上昇

借金がある人は要注意

べき最悪の事態に備えて、万全の対策を取っていただきたい。そのためにも外貨建て資産を持っていれば、それが円ベースで値上がりするので借金も返済できるというものだ。

④ 子供を海外に出す

ここからは応用編だが、できる人はぜひとも検討していただきたい方法だ。あなたに未成年の子供がいるのなら、「子供を海外に出す」ことだ。グローバル化が叫ばれて久しいが、海外経験や語学力はとりわけ国家破産時代には強力な武器になり得る。子供を留学に出すということは、子供への最大の投資となり、あるいは海外で仕事をするという経験は、子供にとっての貴重な財産となるだろう。また親の生活資金を工面するというもっと生活に密着したレベルで考えれば、海外に「出稼ぎ」してもらって外貨を獲得して仕送りしてもらう、というのは将来の日本人のライフスタイルになるかもしれない。

すでに、このようにして家族ぐるみの海外展開を行なっているのが中国人だ。中国人は世界中のあらゆる国に移民しており、中国人が多数集まったところでは中国人街を作っている。日本でも横浜や神戸、長崎などに中華街があり、最近では池袋にも中国人の居住区ができている。もちろん日本だけでなく、タイ、マレーシア、フィリピンなどアジア圏、欧米などにも進出しており、近年ではオーストラリアやニュージーランド、中東、アフリカにも移り住む人が急激に増えているのだ。周辺住民との軋轢や治安の悪化など様々な問題を生んではいるが、生き残りという意味では実にたくましい。これからの時代を本気で生き残りたいなら、私たちこそ彼らのバイタリティを見習うべきだろう。

⑤ 本人が出稼ぎ

子供がいないから、あるいはすでに子供が巣立ったあとだからとあきらめることはない。子供に頼れないなら、自分が海外で稼げばいいのだ。必要なものは、健康とやる気の二つだけだ。本当にそれだけでいいのか、言葉の壁はどうなのだ？　という声が聞こえてきそうだが、本気で取り組むなら言葉の壁はどうということはない。欧米の大学や優良企業に入るならともかく、出稼ぎに出るのにそれほど高い語学力は要らない。不安がある人は、今から旅行に行くなりして慣れていけばよい話だ。

特にあなたが若いなら、失敗を恐れずに新天地に飛び込むと良い。これからの日本は高齢化と労働人口減少、そして国家破産によって経済が急速にしぼんで行くが、海外にはまだまだ経済成長の伸びしろが大きい国があり、若い人たちが新たなビジネスにどん欲に取り組んでいる。そういう中に入っていろいろな経験を積むことは、あなたにとって一生の財産となるだろう。かく言う私も、学生時代にアルバイトで貯めたなけなしの貯金をはたいて、半年ものヨーロッパ貧乏旅行をして見聞を広めた。この経験があればこそ、新聞社時代には会社を飛び出して米国防総省に独自取材を行ない、また海外ファンドなどを運用する世界中の最先端の金融関係者を人脈に持つことができたのだ。

また、若くない方も年齢を理由に諦めることはない。長年の仕事人生で培った能力があれば、その能力が求められるところで大いに力を発揮することができる。なにしろ世界中には、日本の社会人が持っている高い能力を必要としている会社がたくさんある。そういったきっかけさえうまく掴むことができれば、年齢を飛び越えて世界と渡り合うこともできるのだ。

定年退職した人も、平均寿命を考えればまだ二〇年近くは元気に過ごすことができる。これを年金を消費するだけで過ごすか、世界中の人とつながりを持ちながら自分が培った能力を社会に還元して過ごすか。ぜひともご一考いただきたい。

⑥ さらにその先を読む

さて、ここまで様々な円安対策を見てきたが、最後に重要な話をしよう。この話こそが、実は一番大事なことかもしれないと考えるので、特にしっかりと読んでいただきたい。

まず、皆さんが気にするであろう、この円安がどこまで行くのかについて、今一度私の見解を話しておこう。結論から言うと、一ドル＝二〇〇円は非常に大きな節目になるものの、私はまずそれでは済まないとみている。

もちろん、一直線に円安が進むわけではない。極端に円安が進めば政府、日銀も黙っていないだろう。節目々々で通貨防衛が行なわれ、一時的に円高に振れることもあるだろう。特に二〇〇円近辺では為替介入による相場の攻防も起きるかもしれない。日本は一三〇兆円もの外貨準備を保有しており、これを原資に介入を行なえば、ちょっとした売り浴びせなどではビクともしないだろう。

しかし、これをすべて為替介入に使えるわけではない。また、リーマン・ショック後の金融緩和で膨張した莫大なマネーは、次の荒稼ぎのチャンスを虎視眈々と狙っている。円が二〇〇円近辺まで来れば、このマネーは日本売り崩しの好機と見て勝負に出る可能性が高い。こうなると、たとえ日銀でも耐えきるのは至難の技だ。私は、日本は外貨準備をあらかた吐き出して、結局は通貨戦争に敗北するとみている。そして、あとに残るのは天井知らずの円売り相場というわけだ。

その後の節目は、一九七一年のニクソン・ショック以前までの固定相場時代の一ドル＝三六〇円となるだろうが、これも超えてしまう可能性がある。そのあとは一気に五〇〇円、六〇〇円という水準にまで進行するだろう。インフレとの相乗効果で一〇〇〇円という超円安すら十分あり得る。「そんなバカな！」と思われるかもしれないが、私はむしろ、これぐらいの水準はかなりの確率で起こると思っている。第一章でも述べたが、チャート分析の専門家矢野正氏の見立てはさらに強烈だ。テクニカル的には、二〇～三〇年後には一ドル＝一万円でもおかしくないというのだ。もし為替相場がこのようなメチャクチャな円安となれば、もちろん金利は考えられないほど上昇するだろう。

金利上昇で一一〇〇兆円を超える莫大な政府債務は爆発する。利払いが幾何級数的に膨らむため、いくら国債を発行しても追い付かなくなる。そもそも、そんな状態の国債を買う投資家などいるわけがない。さしもの日銀の買い支えも海外ヘッジファンドや中国による日本国債売り崩しの前に、巨大津波に襲われた大堤防の如く、木っ端微塵に粉砕されるだろう。そうなればついに国債暴落は現実化する。国債を山ほど抱えた日銀のバランスシートは紙クズ化して円の信用は失墜し、すぐさま日銀券（お札）が紙キレとなるだろう。ハイパーインフレの到来だ。

実は、日本が辿る道はもはや引き返しのきかない一本道である。あとは、それがいつくるのか。対策を打つなら、円安のその先まで考えておくべきだろう。円安が暴走し、インフレ、金利上昇、国債暴落の地獄のスパイラルが現出する日はいよいよ迫っている。前著のタイトル通り『あと2年』がその目安となるだろう。

第二章で帝国データバンクの調査マンの話を述べたが、今までは決して「国家破産」を口にしなかった経済通からも私の考えを裏付けるような発言が出てくるようになったのだ。私は、いよいよ来るべきトキが来たことを悟った。

私が日本国破産を唱え始めた頃は、ごくわずかな人しか信じなかった。それが、事態が進行してくると徐々に信じる人が現れ、また同様に危機を唱える人が増えてきた。そしてついに、本当の専門家や事情通と言われる人たちも言及するようになったのだ。それはつまり、専門家が言及せざるを得ないほど事態が深刻化したということで、要は末期的状況ということだ。いよいよ数年後コトが顕在化する頃には、誰もが「ヤバい」と実感するようになる。しかしその時には、もう対策を打つことなどできない。本気で生き残り対策をしたいなら、今がラストチャンスなのだ。

本書は円安とその対策に焦点を当ててきたが、これだけ切迫した状況で国家破産対策にまったく言及しないのはあまりに無責任と考え、最後に一八八、一八九ページに非常に簡単ではあるがその概要をまとめた。この図だけで一億円の価値もあるほど、私の国家破産対策のノウハウが凝縮した貴重な資料だが、まずはざっとご覧いただきたい。

ポイントは三つ、資産防衛としての海外活用、治安悪化や物資不足などを生き抜くサバイバル策、そして激動の時代を生き抜くための哲学だ。もしあなた

生き残るための極意

上級

◆ **大チャンス**の時代でもあることを認識すべし

◆ とにかく**資産の乗り換え**を急ぐこと

◆ **海外ファンド**や**海外の金融機関**について
具体的な情報を詳しく入手すべし

◆ **金**（ゴールド）保有に関するアドバイス

◆ いよいよ、コトが差し迫ったら！

◆ 最後に**失業しない**ために

番外

◆ **2015年〜2024年は会員制のクラブに入会すること**
そこ（会員制組織）で
①国家破産生き残りのノウハウのための情報を手に入れる
②人脈を作る
③互助組織のような助け合いができる

詳しくは『国債暴落サバイバル読本』（第二海援隊刊）で紹介しております。ぜひお読みください。

国家破産を

基本の二大原則

◆ **海外に口座、ファンドを所有する**

◆ **国内に外貨のキャッシュを確保する**

この世はすべて早い者勝ち！

初級

◆ 国家破産に対抗するためには**正しい知識**が必要

◆ 全財産の**90％**を**外貨**に換えろ！

◆ **海外の銀行**の正しい使い方

◆ **ハイパーインフレ**についての正しい知識が必要

◆ インフレといってもモノによって
上昇率が違うことに注意

中級

◆ **金**（ゴールド）の現物を全財産の5～10％持て!!

◆ **流動性確保**が一番重要

◆ **銀行はAA**（ダブルA）のものを選べ

◆ **保険は最低限**のものに

◆ 国家破産時代の**借金の仕方**について

が国家破産対策に重大な関心があるならば、この対策を深く理解し、なるべく早く、着実に実践していただきたい。

アベノミクスが三年目を迎え、今はうまくいっているように見えているが、いよいよ化けの皮が剥がれる時期がやってくる。国家破産の大嵐は、もう間もなく目の前に現れるだろう。読者の皆さんにはとにかく早く対策を講じ、たくましく生き残っていただくことを願ってやまない。

浅井隆からの重要なお知らせ

――国家破産を生き残るための具体的ノウハウ

国家破産について基礎から学べる「国家破産の全てを知るクラブ」

いよいよ国が破産する日が迫ってきています。私たちが今まで通りの生活を送ることができる時間は、あと二年ほどと私は予測しています。そのため、今ここでもう一度、国家破産は私たちの生活にどのような劇的な変化をもたらし、そして激動の時代の中で生き残るためにはどのように備えればよいのかを学び、その対策を練るためのクラブを発足いたしました。国家破産について一から学ぶことができるクラブです。

『国家破産の全てを知るクラブ』では会員限定の「国家破産講座」（年四回、受講料実費）を予定しており、今後の日程では二〇一五年四月七日（火）、二〇一五年七月二八日（火）、二〇一五年一〇月二二日（木）を予定しています。このレクチャーでは今までの発刊書籍や「浅井隆講演会」の国家破産情報を集約し、更に細分化した詳細情報（例：敗戦直後の国家破産の実態、つい近年のジンバブエの国家破産の実態など）をわかりやすくご提供いたします。ぜひ、この「国家破産の全てを知るクラブ」にご入会の上、会員限定のレクチャーにご参加ください。本書に挟みこんであるはがきでお申し込みになると便利です。

詳しいお問い合わせ先は、㈱第二海援隊

TEL：〇三（三二九一）六一〇六

FAX：〇三（三二九一）六九〇〇

厳しい時代を賢く生き残るために必要な二つの情報収集

国債暴落へのタイムリミットが刻一刻と迫りつつある中、生き残りのためには二つの情報収集が欠かせません。一つは「国内外の経済情勢」に関する情報収集、もう一つは「海外ファンド」に関する情報収集です。これについては新聞やテレビなどのメディアやインターネットでの情報収集だけでは絶対に不十分です。私はかつて新聞社に勤務し、以前はテレビに出演をしたこともありますが、その経験から言えることは「新聞は参考情報。テレビはあくまでショー（エンターテインメント）」だということです。インターネットも含め誰もが簡単に入手できる情報で、これからの激動の時代を生き残っていくことはできません。日本の一般的な銀行や証券会社、保険会社といった金融機関に情報を求めてもダメです。なぜなら、彼らは自らの〝商売〟のために情報提供を行なうからです。

皆様にとってもっとも大切なこの二つの情報収集には、第二海援隊グループ（代表　浅井隆）で提供する「会員制の特殊な情報と具体的なノウハウ」をぜひご活用ください。

“国家破産対策”の入口「経済トレンドレポート」

まず最初にお勧めしたいのが、浅井隆が取材した特殊な情報をいち早くお届けする「経済トレンドレポート」です。浅井および浅井の人脈による特別経済レポートを年三三回（一〇日に一回）格安料金でお届けします。経済に関する情報提供を目的とした読みやすいレポートです。新聞やインターネットではなかなか入手できない経済のトレンドに関する様々な情報をあなたのお手元へ。さらに国家破産に関する『特別緊急情報』も流しております。「国家破産対策をしなければならないことは理解したが、何から手を付ければよいかわからない」という方は、まずこのレポートをご購読下さい。本書に挟み込んであるはがきでお申し込みになると便利です。

具体的に“国家破産対策”をお考えの方に

そして何よりもここでお勧めしたいのが、第二海援隊グループ傘下で独立系の投資助言・代理業を行なっている「株式会社日本インベストメント・リサーチ」（関東財務局長（金商）第九二六号）です。この会社で二つの魅力的な会員制クラブを運営しております。私どもは、古くから日本の国家破産対策のもっとも有効な対策として海外のヘッジファンドに目を向けてきました。そして、この二〇年にわたり世界中を飛び回りすでにファンドなどの調査に莫大なコストをかけて、しっかり精査を重ね魅力的な投資・運用情報だけを会員の皆様限定でお伝えしています。これは、一個人が同じことをしようと思っても無理な話です。また、そこまで行なっている投資助言会社も他にはないでしょう。

投資助言会社も、当然玉石混交であり、特に近年は少なからぬ悪質な会社に対して、当局の検査の結果、業務停止などの厳しい処分が下されています。しかし「日本インベストメント・リサーチ」は、すでに二度当局による定期検査を受けていますが、行政処分どころか大きな問題点はまったく指摘されませんでした。これも誠実な努力に加え、厳しい法令順守姿勢を貫いていることの結果であると自負しております。

私どもがそこまで行なうのには理由があります。私は日本の「国家破産」を憂い、会員の皆様にその生き残り策を伝授したいと願っているからです。その生き残り策がきちんとしたものでなければ、会員様が路頭に迷うことになります。ですから、投資案件などを調査する時に一切妥協はしません。その結果、私どもの「ロイヤル資産クラブ」には多数の会員様が入会して下さり、「自分年金クラブ」と合わせると三〇〇〇名に近い顧客数を誇り、今では会員数がアジア最大と言われています。

このような会員制組織ですから、それなりに対価を頂きます。ただそれで、私どもが十数年間、莫大なコストと時間をかけて培ってきたノウハウを得られるのですから、その費用は決して高くないという自負を持っております。まだクラブにご入会頂いていない皆様には、ぜひご入会頂き、本当に価値のある情報を入手して国家破産時代を生き残って頂きたいと思います。そして、この不透明な現在の市場環境の中でも皆様の資産をきちんと殖やして頂きたいと思います。

一〇〇〇万円以上を海外投資へ振り向ける資産家の方向け「ロイヤル資産クラブ」

「ロイヤル資産クラブ」のメインのサービスは、数々の世界トップレベルのファンドの情報提供です。特に海外では、日本の常識では考えられないほど魅力的な投資案件があります。

ジョージ・ソロスやカイル・バスといった著名な投資家が行なう運用戦略としておなじみの「グローバルマクロ」戦略のファンドも情報提供しています。

この戦略のファンドの中には、年率リターン二五％というものもあり、今後もその成績が続くと仮定すると、一〇年で九・三倍というすばらしいものです。また、二〇〇九年八月～二〇一四年一二月の五年五ヵ月の間で一度もマイナスになったことがなく、ほぼ一直線で年率リターン七・八％（米ドル建て）という安定的に推移しているファンドもあります。もちろん他にもファンドの情報提供を行なっておりますが、情報提供を行なうファンドはすべて現地に調査チームを送って徹底的に調査を行なっております。

また、ファンドの情報提供以外のサービスとしては、現在保有中の投資信託の評価と分析や銀行や金融機関とのお付き合いの仕方のアドバイス、為替手数料やサービスが充実している金融機関についてのご相談、生命保険の見直し・分析、不動産のご相談など、多岐にわたっております。金融についてありとあらゆる相談が「ロイヤル資産クラブ」ですべて受けられる体制になっています。

詳しいお問い合わせ先は「ロイヤル資産クラブ」

TEL：〇三（三二九一）七二九一
FAX：〇三（三二九一）七二九二

庶民の方向け「自分年金クラブ」

一方で、「自分年金クラブ」では「一〇〇〇万円といったまとまった資金はないけど、将来に備えてしっかり国家破産対策をしたい」という方向けに、比較的「海外ファンド」の中では小口（最低投資金額が約三〇〇〇万円程度）で、かつ安定感があるものに限って情報提供しています。

金融業界の最先端の運用戦略である「ボラステ」（ボラティリティ・ストラテジー）戦略によるファンドも情報提供しています。他にも「レラティブバリュー・コリレーション」というこれもまた金融の最先端の運用戦略を使ったファンドも情報提供中です。この戦略のファンドの中に、年率リターン一一・七％（二〇一一年九月～二〇一四年一二月）とかなりの収益を上げている一方で、一般的な債券投資と同じぐらいの安定感を示しているものもあります。債券投資並みの安定感で、年率リターンが二桁であることには驚きます。また国家破産時代の資産防衛に関する基本的なご質問にもお答えしておりますので、初心者向きです。

詳しいお問い合わせ先は「自分年金クラブ」

TEL：〇三（三二九一）六九一六

FAX：〇三（三二九一）六九九一です

※「自分年金クラブ」で情報提供を行なっているすべてのファンドは、「ロイ

ヤル資産クラブ」でも情報提供を行なっております。

海外移住や海外口座をご検討の方に

さらに、財産の保全先、移住先またはロングステイの滞在先として浅井隆がもっとも注目する国――ニュージーランド。そのニュージーランドを浅井隆と共に訪問する、「浅井隆と行くニュージーランド口座開設・不動産視察ツアー」を二〇一五年一一月に開催いたします（その後も毎年二～三回の開催を予定しております）。ツアーでは、格付けＡＡ（ダブルエー）と安全性も高く、しかも約四％強の利息（ニュージーランドドル建て、一年もの定期預金の場合）をもらえる現地銀行の口座開設、優良不動産物件の視察などを行ないます。

また、資産運用を行なう上でぜひお勧めしたいのが金融立国シンガポール。このシンガポールを視察する「シンガポール金融視察ツアー」も二〇一五年四月に第二海援隊グループの投資助言会社の企画で開催いたします（毎年二回以上開催予定）。海外の金融機関を直接訪問することができ、かつファンドについてたっぷりレクチャーが聞けるのがこのツアーの最大のメリットです。ご希望の方は、ツアー中に日本語ＯＫの海外口座を開設することも可能です。

国家破産特別講演会、浅井隆講演会、インターネット情報

★浅井隆のナマの声が聞ける講演会

著者・浅井隆の講演会を開催いたしますので、二〇一五年の予定を記載します。二〇一五年が福岡・三月二七日（金）、名古屋・四月三日（金）、大阪・四月二六日（日）、広島・五月一〇日（日）、東京・五月二三日（土）、札幌・六月六日（土）を予定しております。国家破産の全貌をお伝えすると共に、生き残るための具体的な対策を詳しく、わかりやすく解説いたします。

いずれも、活字では伝わることのない肉声による貴重な情報にご期待下さい。

「浅井隆特別講演会」については、本書に挟み込んであるはがきでお申込みいた

だけます。

★講演をお受けいたします

浅井隆が出張し講演会をさせて頂きます。人数、場所、料金などご相談下さい。商工会議所様や企業様での実績も多数ございます。

二〇一五年、二〇一六年の期間限定！
この二年間に限り、商工会議所、青年会議所、ライオンズクラブ限定で格安料金にて講演をお受けいたします。ぜひ、お問合せください。

★第二海援隊ホームページ

また、第二海援隊では様々な情報をインターネット上でも提供しております。詳しくは「第二海援隊ホームページ」をご覧下さい。私ども第二海援隊グループは、みなさんの大切な財産を経済変動や国家破産から守り殖やすためのあらゆる情報提供とお手伝いを全力で行なっていきます。

改訂版!! 別冊秘伝

必読です

浅井隆が世界をまたにかけて収集した、世界トップレベルの運用ノウハウ（特に「海外ファンド」に関する情報満載）を凝縮した小冊子を作りました。実務レベルで基礎の基礎から解説しておりますので、本気で国家破産から資産を守りたいとお考えの方は必読です。ご興味のある方は以下の二ついずれかの方法でお申し込み下さい。

①現金書留にて一〇〇〇円（送料税込）と、お名前・ご住所・電話番号および「別冊秘伝」希望と明記の上、弊社までお送り下さい。

②一〇〇〇円分の切手と、お名前・ご住所・電話番号および「別冊秘伝」希望と明記の上、弊社までお送り下さい。

郵送先　〒一〇一―〇〇六二　東京都千代田区神田駿河台二―五―一
住友不動産御茶ノ水ファーストビル八階

株式会社第二海援隊「別冊秘伝」係
TEL：〇三（三二九一）六一〇六
FAX：〇三（三二九一）六九〇〇
＊以上、すべてのお問い合わせ、お申し込み先・㈱第二海援隊
TEL：〇三（三二九一）六一〇六
FAX：〇三（三二九一）六九〇〇
Eメール　info@dainikaientai.co.jp
ホームページ　http://www.dainikaientai.co.jp

〈参考文献〉

【新聞・通信社】

『日本経済新聞』『読売新聞』『朝日新聞』『毎日新聞』
『産経新聞』『日刊ゲンダイ』『日経ヴェリタス』
『ブルームバーグ』『フィナンシャル・タイムズ』
『エコノミスト』『ニューズウィーク』『ロイター通信』

【書籍】

『国家は破綻する』
（カーメン・ラインハート＋ケネス・ロゴフ著　日経ＢＰ社）
『円とドル―日米為替「戦争」』（朝日新聞経済部編　講談社）
『円の百年―日本経済側面史』（刀祢館正久著　朝日新聞社）

【拙著】

『国家破産で起きる 36 の出来事』（第二海援隊）
『国家破産を生き残るための 12 の黄金の秘策〈上〉』（第二海援隊）
『国債暴落サバイバル読本』（第二海援隊）
『株は２万 2000 円まで上昇し、その後大暴落する⁉』（第二海援隊）
『あと２年』（第二海援隊）

【その他】

『週刊新潮』『週刊現代』『現代ビジネス』『週刊ポスト』
『ＣＮＢＣ』

【ホームページ】

フリー百科事典『ウィキペディア』
『財務省』『日本政府観光局』『国際通貨研究所』
『日経ビジネスオンライン』『ダイヤモンド・オンライン』
『ジャパン・ビジネスプレス』『フォーブス　電子版』
『ウォールストリート・ジャーナル電子版』『ゼロヘッジ』
『ニュースダイジェスト』『タイム（電子版）』『時事通信』
『人民日報（日本語電子版）』『サーチナニュース』『新華社通信』
『レコード・チャイナ』『JCAST ニュース』『iFinance』
『ユーグレナ』『UTokyo OCW』『金融大学』
『株式会社東京商品取引所』『共立女子大学・短期大学』
『上田ハーローＦＸ』『第一生命経済研究所』『ドル円』

〈著者略歴〉

浅井　隆　（あさい　たかし）

経済ジャーナリスト。1954年東京都生まれ。学生時代から経済・社会問題に強い関心を持ち、早稲田大学政治経済学部在学中に環境問題研究会などを主宰。一方で学習塾の経営を手がけ学生ビジネスとして成功を収めるが、思うところあり、一転、海外放浪の旅に出る。帰国後、同校を中退し毎日新聞社に入社。写真記者として世界を股に掛ける過酷な勤務をこなす傍ら、経済の猛勉強に励みつつ独自の取材、執筆活動を展開する。現代日本の問題点、矛盾点に鋭いメスを入れる斬新な切り口は多数の月刊誌などで高い評価を受け、特に1990年東京株式市場暴落のナゾに迫る取材では一大センセーションを巻き起こす。
その後、バブル崩壊後の超円高や平成不況の長期化、金融機関の破たんなど数々の経済予測を的中させてベストセラーを多発し、1994年に独立。1996年、従来にないまったく新しい形態の21世紀型情報商社「第二海援隊」を設立し、以後約20年、その経営に携わる一方、精力的に執筆・講演活動を続ける。2005年7月、日本を改革・再生するための日本初の会社である「再生日本21」を立ち上げた。主な著書：『大不況サバイバル読本』『日本発、世界大恐慌！』（徳間書店）『95年の衝撃』（総合法令出版）『勝ち組の経済学』（小学館文庫）『次にくる波』『2014年日本国破産〈警告編〉〈対策編①②③〉〈海外編〉〈衝撃編〉』『Human Destiny』（『9・11と金融危機はなぜ起きたか!?〈上〉〈下〉』英訳）『新ファンド革命』『2015-16年 国家破産パニック!!』『あと２年で国債暴落、１ドル＝250円に!!』『世界恐慌か 国家破産か〈パニック編〉〈サバイバル編〉』『国債暴落サバイバル読本』『東京は世界１バブル化する！』『株は２万2000円まで上昇し、その後大暴落する!?』『円もドルも紙キレに！　その時ノルウェークローネで資産を守れ』『あと２年』（第二海援隊）など多数。

円 崩壊　1ドル＝200円に！

2015年2月23日　初刷発行

著　者　浅井　隆
発行者　浅井　隆
発行所　株式会社　第二海援隊
〒101-0062
東京都千代田区神田駿河台２-５-１　住友不動産御茶ノ水ファーストビル８Ｆ
電話番号　03-3291-1821　　ＦＡＸ番号　03-3291-1820

印刷・製本／中央精版印刷株式会社

ISBN978-4-86335-159-2

Printed in Japan

第二海援隊発足にあたって

日本は今、重大な転換期にさしかかっています。にもかかわらず、私たちはこの極東の島国の上で独りよがりのパラダイムにどっぷり浸かって、まだ太平の世を謳歌しています。

しかし、世界はもう動き始めています。その意味で、現在の日本はあまりにも「幕末」に似ているのです。ただ、今の日本人には幕末の日本人と比べて、決定的に欠けているものがあります。それこそ、志と理念です。現在の日本は世界一の債権大国（＝金持ち国家）に登り詰めはしましたが、人間の志と資質という点では、貧弱な国家になりはててしまいました。それこそが、最大の危機といえるかもしれません。

そこで私は「二十一世紀の海援隊」の必要性を是非提唱したいのです。今日本に必要なのは、技術でも資本でもありません。志をもって大変革を遂げることのできる人物と、それを支える情報です。まさに、情報こそ〝力〟なのです。そこで私は本物の情報を発信するための「総合情報商社」および「出版社」こそ、今の日本に最も必要と気付き、自らそれを興そうと決心したのです。

しかし、私一人の力では微力です。是非皆様の力をお貸しいただき、二十一世紀の日本のために少しでも前進できますようご支援、ご協力をお願い申し上げる次第です。

浅井　隆